utb 5027

Eine Arbeitsgemeinschaft der Verlage

Böhlau Verlag · Wien · Köln · Weimar
Verlag Barbara Budrich · Opladen · Toronto
facultas · Wien
Wilhelm Fink · Paderborn
Narr Francke Attempto Verlag / expert verlag · Tübingen
Haupt Verlag · Bern
Verlag Julius Klinkhardt · Bad Heilbrunn
Mohr Siebeck · Tübingen
Ernst Reinhardt Verlag · München
Ferdinand Schöningh · Paderborn
transcript Verlag · Bielefeld
Eugen Ulmer Verlag · Stuttgart
UVK Verlag · München
Vandenhoeck & Ruprecht · Göttingen
Waxmann · Münster · New York
wbv Publikation · Bielefeld

Antje Ries hat BWL, Germanistik und Soziologie studiert und in über
10 Jahren Unternehmensberatung Projektmanagement von der Pike auf
gelernt. Sie ist Geschäftsführerin des Unternehmens *WissenReich Bildung
& Consulting* und kombiniert als Beraterin, Trainerin und Dozentin erfolgreich Projektmanagement und Erwachsenenbildung ... weil *Wissen
erfolgreich macht.*

Antje Ries

Erfolgreich studieren mit Projektmanagement

Mit zahlreichen Praxis-Tipps fürs
Online-Studium

2., überarbeitete und erweiterte Auflage

UVK Verlag · München

Online-Angebote oder elektronische Ausgaben sind erhältlich unter
www.utb-shop.de.

Bibliografische Information der Deutschen Nationalbibliothek
Die Deutsche Nationalbibliothek verzeichnet diese Publikation in der
Deutschen Nationalbibliografie; detaillierte bibliografische Daten sind
im Internet über <http://dnb.dnb.de> abrufbar.

1. Auflage 2018

© UVK Verlag 2020
– ein Unternehmen der Narr Francke Attempto Verlag GmbH + Co. KG
  Dischingerweg 5 · D-72070 Tübingen

Internet: www.narr.de
eMail: info@narr.de

Einbandgestaltung. Atelier Reichert, Stuttgart
Cover-Illustration: © iStockphoto, Vladimir Cetinski
Druck und Bindung: CPI books GmbH, Leck

UTB-Nr. 5027
ISBN 978-3-8252-5490-2 (Print)
ISBN 978-3-8385-5490-7 (ePDF)
ISBN 978-3-8463-5490-2 (ePub)

Vorwort

Die Idee zum Buch

Das Studium als ein Projekt verstehen? Bereits im Studium mit einem Projektplan arbeiten? Wieso nicht? Denn wer kennt das nicht: Häufig müssen mehrere Hausarbeiten parallel geschrieben, Vorlesungen für anstehende Klausuren nachbereitet und das Auslandsemester frühzeitig organisiert werden. Erfolgreich studieren, ohne sich zu verzetteln – wie ist das möglich? Die Antwort lautet: Mit Projektmanagement!

Im Rahmen meiner Tätigkeit für das Akademische Schlüsselkompetenz-Training an der Goethe-Universität in Frankfurt biete ich im Rahmen von Workshops Studierenden die Möglichkeit, mit Hilfe von Projektmanagement-Tools ihr Studium effizient zu organisieren. Sie lernen dabei typische Planungswerkzeuge aus dem Projektmanagement kennen und planen ihr erstes eigenes Studienobjekt als ein Projekt. Die vielen praktischen Übungen liefern den Studierenden Antworten auf die Frage, wie man mit Hilfe von Projektmanagement erfolgreich studieren kann.

Basierend auf dem großen positiven Feedback dieser Workshops ist die Idee entstanden, die Verknüpfung von Studium und Projektmanagement im Rahmen eines Studienratgebers aufzugreifen, die Inhalte zu verschriftlichen und damit auch Ihnen während Ihres Studiums zugänglich zu machen.

Der Nutzen des Buches

Der Ihnen vorliegende Studienratgeber vermittelt anschaulich, wie mit Hilfe von Projektmanagement das eigene Studium organisiert werden kann. In kurzen und prägnanten Abschnitten werden die typischen Phasen eines Studienprojekts und mögliche Planungswerkzeuge aus dem Projektmanagement vorgestellt. Beispiele aus der Praxis und Tipps für den Studienalltag erläutern die Einsatzmöglichkeiten im Studium und machen das Gelernte greifbar und direkt anwendbar.

So behalten Sie in Zukunft über alle Ihre Studienprojekte den Überblick, sind gut organisiert und arbeiten strukturiert, ohne sich zu verzetteln. Da macht das Projekt Studium gleich viel mehr Spaß!

Die Zielgruppe

Das Buch richtet sich an Studierende aller Studienfächer, die gerade erst ihr wissenschaftliches Studium beginnen, genauso wie an Studierende, die bereits mitten im Studium sind und vor den ersten großen Herausforderungen, wie den Klausuren, einem Referat oder der Bachelorarbeit stehen. Die vorgestellten Werkzeuge und Methoden aus dem Projektmanagement wurden speziell für Studierende aufbereitet und lassen sich auf viele Studienprojekte übertragen und anwenden.

Und plötzlich digital studieren?!

Sich und das eigene Studium ganz ungewohnt vom heimischen PC aus zu organisieren, klingt zunächst verlockend, ist aber ohne Frage eine große Herausforderung. Es fehlt der Austausch mit anderen Studierenden, Dozenten und Beratungsstellen vor Ort, die sonst so großartig unterstützen bei der Organisation des eigenen Studiums. Gleichzeitig benötigt es eine große Portion Selbstmotivation! In den gemütlichen eigenen vier Wänden mit jeder Menge digitaler Ablenkung und ohne den ab und zu strengen Blick des Lehrenden ist der innere Schweinehund omnipräsent und gewinnt leider allzu oft die Oberhand.

Neben Projektmanagement-Skills sind nun vor allem die Schlüsselkompetenzen Selbstorganisation, Zeitmanagement und Selbstmotivation gefragt. Der vorliegende Studienratgeber wurde daher im Sommer 2020 auf Grund der Auswirkungen der Corona-Pandemie auf die Situation vieler Studierender um das Kapitel „Schlüsselkompetenzen für das Projekt Online-Studium" erweitert. Das Kapitel richtet sich an alle Studierenden, die sich nun im digitalen Studienalltag zurecht finden müssen. Mit wertvollen Tipps und Tricks behalten Sie so auch in ihrem „Online-Studium auf Zeit" alles im Blick, lernen ihre Zeit effektiv zu organisieren und bleiben stets motiviert!

Danksagung

Mein besonderer Dank gilt *Candy Hobracht*. Sie hat mit ihren studienalltagstauglichen Abbildungen diesem Ratgeber eine individuelle und persönliche Note verliehen. Erst durch die grafische Darstellung der manchmal recht komplexen Sachverhalte werden Zusammenhänge klar und Anwendungsmöglichkeiten deutlich.

Mein Dank gilt außerdem den vielen Studierenden, die mich im Rahmen meiner Lehrveranstaltungen und universitären Workshops – jetzt gerade alle digital – mit ihrem regen Interesse an der Thematik, ihren vielen Fragen und den nützlichen Tipps zur Anwendung im Studium überhaupt erst auf die Idee zu diesem Ratgeber gebracht haben.

Antje Ries, Frankfurt a.M. im Sommer 2020

PS: Feedback, Fragen und Anregungen sind herzlich willkommen! Sie erreichen mich per E-Mail an antje.ries@wissenreich.de.

Hinweise zum Buch

Der Aufbau des Buches

Das Buch gliedert sich in acht Kapitel. Es beginnt mit einer Definition und anschaulichen – auf das Studium bezogenen – Erklärungen der Begrifflichkeiten *Projekt und Projektmanagement*. Im Rahmen der Einleitung werden zudem die wichtigsten Determinanten des Projektmanagements Zielsetzung, Stakeholder, Projektteam und Projektphasen eingeführt.

Basierend auf dieser Einführung wird das Projekt „Studium" als ein Gesamtobjekt betrachtet, bei welchem es *typische Fehlerquellen* gibt, durch welche in der Praxis viele Projekte scheitern. Es folgen *Erfolgsfaktoren*, die zum guten Gelingen eines Projekts beitragen können und anhand derer sich erfolgreiche von weniger erfolgreichen Projekten unterscheiden.

Es folgt in Kapitel drei bis sechs eine detaillierte Anleitung zur selbstständigen Organisation eines eigenen, individuellen Studienprojekts entlang der typischen Phasen *Projektdefinition, Projektplanung, Projektdurchführung* und *Projektabschluss*. In jedem der vier Kapitel werden Planungswerkzeuge vorgestellt und deren Anwendbarkeit im Studium mittels Praxisbeispielen erläutert.

Kapitel sieben wurde gänzlich neu verfasst im Sommer 2020, während der Corona-Pandemie, und erweitert das vorliegende Werk um Tipps und Tricks zum Thema Online-Studium, denn neben Projektmanagement-Skills sind für die digitale Abwicklung von Studienprojekte nun vor allem die Schlüsselkompetenzen *Selbstorganisation, Zeitmanagement und Selbstmotivation* gefragt.

Das achte und damit letzte Kapitel bietet eine Sammlung an *Arbeitsvorlagen* zu den wichtigsten Werkzeugen, welche im Verlauf des Ratgebers vorgestellt wurden. Diese können im Rahmen des eigenen Studiums und für das eigene Studienprojekt angewendet werden und sollen als Grundlage für die persönliche Projektgestaltung dienen.

Anwendungsbezug und Praxisnähe

Dieses Buch versteht sich als ein Praxisratgeber, welcher speziell für Studierende entwickelt wurde. Auf einfache und verständliche Lesbarkeit und die direkte Übertragbarkeit ins Studium wurde in besonderer Weise Wert gelegt. In jedem Kapitel finden sich daher zahlreiche Abbildungen, Tabellen, Praxistipps und Beispiel aus dem Studienalltag.

◼ *Lernziele*

Jedes Kapitel beginnt mit einer Visualisierung der Inhalte (einem sogenannten Sinnbild, welches Ihnen einen ersten Eindruck der Thematik
vermitteln soll) sowie einer Zielformulierung. Diese Einstiegsseite soll
Ihnen helfen, Inhalt und Zielsetzung des Kapitels auf einen Blick zu erfassen.

◼ *Beispiele aus dem Studienalltag*

Besonders theoretische und komplexe Sachverhalte werden mit konkreten Beispielen aus dem Studienalltag verdeutlicht. Diese Beispiele sollen
Ihnen helfen, das Gelernte auf Ihre jeweilige Situation übertragen und
direkt für Ihr eigenes Projekt anwenden zu können.

◼ *Praxistipps*

Viele Wege führen nach Rom – aber meist gibt es einen Weg, der am
schnellsten, bequemsten oder sichersten ist. In der Praxis haben sich für
viele Projektmanagementmethoden bevorzugte Herangehensweisen (sogenannte Best Practices) herausgestellt, mit denen die Anwendbarkeit
und der Erfolg optimiert werden können. Die Praxistipps sollen Ihnen
helfen, das Beste aus Ihrem Projekt herauszuholen und Stolpersteine sicher zu umgehen.

◼ *Checklisten und Vorlagen*

Die Kapitel drei bis sechs enden jeweils mit einer Checkliste, mit Hilfe
derer Sie überprüfen können, ob Sie an alles gedacht haben und damit
bereit für die nächste Phase Ihres Projekts sind. Die vorgestellten Methoden werden mit Hilfe von Abbildungen und Tabellen visualisiert, die sich
bereits auf Beispiele aus dem Studienalltag beziehen. Zur besseren Nutzung sind leere Arbeitsvorlagen, welche Sie zur Organisation Ihres eigenen Studienprojekts heranziehen können, noch einmal im achten Kapitel
zusammengefasst.

Tipps & Tricks im Internet

Während meiner Recherche für den vorliegenden Studienratgeber ist mir
wieder einmal bewusst geworden, in welch gigantischem Umfang Informationen und Materialien zum Thema Projektmanagement online zur Verfügung stehen. Die Beurteilung, ob dies nun gut oder schlecht, äußerst hilfreich oder verwirrend ist, sei jedem selbst überlassen.

Ich verweise zum Thema Projektmanagement gerne auf genau eine einzige
Seite: *www. projekte-leicht-gemacht.de*, welche von Andrea Windolph und
Dr. Alexander Blumenau betrieben wird. Die dort veröffentlichten Themen
und Inhalte sind immer praxisnah, präzise auf den Punkt gebracht und lassen
sich daher auch bereits für Studienprojekte bestens anwenden.

Inhaltsübersicht

Inhalt

1 Das Studium als ein Projekt verstehen

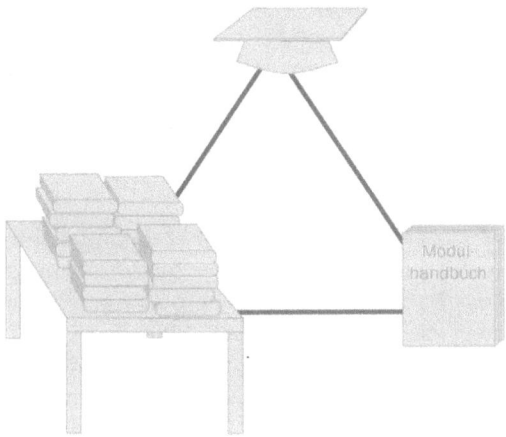

Kennen Sie das? Mal wieder müssen mehrere Hausarbeiten parallel geschrieben, der Text für das Seminar morgen noch schnell gelesen und die Vorlesung von heute eigentlich für die anstehende Klausur nachbereitet werden. In der vorlesungsfreien Zeit im Sommer sollen Sie ein Praktikum absolvieren, für welches Sie erst einmal Bewerbungen schreiben müssten. Das kommende Semester würden Sie gerne im Ausland verbringen, aber ob das unter den aktuellen Umständen überhaupt möglich sein wird? Gleichzeitig wurden Sie gebeten, an einem digitalen Tutorium mitzuwirken, und die Fachschaft benötigt dringend Unterstützung bei der Organisation der Erstsemesterparty, welche dieses Jahr als eine Autoparty stattfinden soll. Trotz Ihres vollen Terminplans wünschen Sie sich ein bisschen mehr Zeit für Freunde und Freizeit zu haben. Aber wie ist das möglich?

Verstehen Sie Ihr Studium als ein Projekt. Oder genauer gesagt, betrachten Sie Ihr Studium als ein Konglomerat aus vielen, manchmal sehr kurzen, aber manchmal auch Semester übergreifenden Studienprojekten. Mit dieser Erkenntnis verschaffen Sie sich Zugang zu einer umfangreichen Palette an Methoden und Werkzeugen aus dem Projektmanagement. Diese helfen Ihnen dabei, Ihre Studienprojekte optimal zu strukturieren und effizient zu organisieren.

In diesem Kapitel lernen Sie, was ein *Projekt* ist und warum sich die Definition dessen eins zu eins auf viele Bereiche Ihres Studienalltags übertragen lässt. Sie lernen das Projektdreieck kennen und werden feststellen, dass es nicht immer gelingt, Ziel, Ressourcen und Zeit optimal zu gestalten. Grundlegende Projektelemente, wie Zielsetzung, Stakeholder, Projektteam und Projektphasen werden erklärt und anhand von Beispielen auf Ihre Studiensituation übertragen.

Das Kapitel schließt mit einer Definition des Begriffs *Projektmanagement* ab. Die Facetten von modernem Projektmanagement sind umfangreich und komplex. Dennoch oder gerade deshalb lässt sich das Grundverständnis davon ein Projekt, wie es Ihr Studium ist, zu managen auf viele Situation übertragen, mit denen Sie im Rahmen Ihres Studiums konfrontiert werden.

1.1 Projekt

„Ein Projekt ist ein Vorhaben, das im Wesentlichen durch Einmaligkeit der Bedingungen in ihrer Gesamtheit gekennzeichnet ist".

DIN 69901

Ein Projekt ist eine in sich abgeschlossene Aufgabe, die nicht als Routinetätigkeit geleistet werden kann. Jedes weitere Projekt, auch wenn es dieselbe

Ausgangslage oder eine ähnliche Zielsetzung hat, wird sich in seiner Art und Weise unterscheiden. Jedes Projekt ist[1]:

- *Einmalig* und in dieser Form und Konstellation nicht wiederholbar.
- *Neuartig*, dadurch komplex und durch vielerlei Unsicherheiten begleitet.
- *In sich abgeschlossen*, das heißt zeitlich begrenzt durch einen definierten Anfang und ein definiertes Ende.
- *Zielorientiert*, es verfolgt einen speziellen Zweck, für welchen Ziele definiert werden (siehe Abschnitt 1.1.1 Zielsetzung).
- *Projektspezifisch organisiert*, es gilt verschiedene Interessensgruppen zu befriedigen (siehe Abschnitt 1.1.2 Stakeholder) und die Arbeit findet zumeist im Team statt (siehe Abschnitt 1.1.3 Projektteam).

Darüber hinaus werden für jedes Projekt besondere Ressourcen benötigt (z.B. Zeit, Geld, Menschen, Technik, Hardware, Software etc.), die zumeist endlich und nur begrenzt verfügbar sind. Besonderes Augenmerk ist auf die Ressource Mensch zu legen, denn in nahezu jedem Projekt kommen Menschen aus unterschiedlichen Bereichen, Fachrichtungen oder Institutionen zusammen und bilden ein Projektteam oder eine Arbeitsgruppe. Sie bringen unterschiedliche fachliche Expertise und verschiedene Perspektiven mit ein und erarbeiten gemeinsam im Projekt eine Lösung für ein gestelltes Problem. Aus diesem Grund sind arbeitsteilige Prozesse und eine intensive (gemeinsame) Planung des Projekts erforderlich. Es gilt Verantwortlichkeiten für die Dauer des Projekts festzulegen und das Projekt an sich, neben der eigentlichen Projektarbeit, zu koordinieren.

Ein Projekt ist also nichts Alltägliches. Es ist keine Standardaufgabe, die im Rahmen der täglichen Routine durchgeführt werden kann. Jedes Projekt ist eine neue Herausforderung und die initiale Projektdefinition verdient daher besondere Aufmerksamkeit. Erst mit fortschreitender Projektdurchführung wächst Ihr Wissen über den Gegenstand des Projekts. Durch schrittweises Verfeinern wird sich Ihr Blick für die Projektdetails schärfen und Ihre Vorstellung von der zu entwickelnden Lösung wird allmählich klarer. Das bedeutet, dass die Arbeit in Projekten besonders in den frühen Projektphasen häufig durch Unsicherheiten geprägt ist.

Neben dieser Unsicherheit sind Neuartigkeit und Komplexität die Hauptfaktoren, welche auf ein Projekt einwirken und zwar auf die Determinanten, die ein jedes Projekt ausmachen und sich mit Hilfe des sogenannten magischen Projektdreiecks[2] aufzeigen. lassen Das Projektdreieck definiert sich über die drei Ecken Ziel, Ressourcen und Zeit.

---

[1] In Anlehnung an Alam, D./Gühl, U.: Projektmanagement für die Praxis, 2016.
[2] In Anlehnung an Möller, T.: Projektmanagementerfolg, 2009.

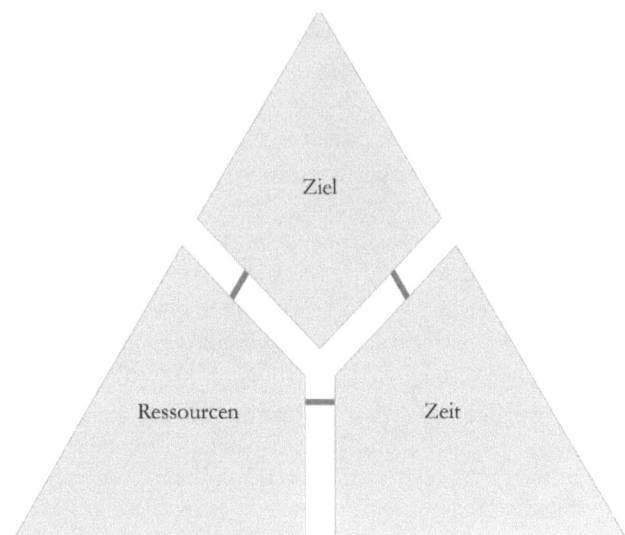

Abb. 1: Magisches Projektdreieck

Ziel

Ziel eines jeden Projekts ist eine (Mehr-)Wertschöpfung, das heißt die Schaffung eines Endproduktes oder das Leisten eines positiven Beitrags zu einer Sache. Das Ergebnis des Projekts, also das Maß der Zielerreichung, kann sowohl qualitativ als auch quantitativ gemessen und beurteilt werden.

Ressourcen

Unter Ressourcen versteht man die Mittel und Wege, die benötigt und eingeschlagen werden müssen, um das Ziel zu erreichen. Ressourcen können, daher je nach Projektart und -umfang ganz unterschiedlicher Natur sein. Für manche Projekte werden Sie jede Menge Wissen, Fachkenntnisse, (Lern-) Motivation und Disziplin benötigen. Andere Projekte kommen nicht ohne den Einsatz von finanziellen Mitteln, Infrastruktur, Hard- und/oder Software aus. Eine weitere wichtige Ressource ist Ihre Arbeitszeit, die Kombination aus Menschen und Zeit.

Zeit

Neben der benötigten Arbeitszeit wird jedes Projekt definiert durch Termine und Fristen (denn es ist zeitlich begrenzt und in sich abgeschlossen). Für den Erfolg eines Projekts spielen neben der reinen Zielerreichung auch Pünktlichkeit, Verlässlichkeit und Exaktheit eine große Rolle.

Die drei Determinanten des Projekts können nicht losgelöst voneinander betrachtet werden, sondern stehen in engem Zusammenhang. Keine Komponente kann für sich allein geändert werden, ohne dass nicht mindestens eine weitere durch diese Änderung beeinflusst wird. Daher ist das Projektdreieck ein hervorragendes Werkzeug, um eine ganzheitliche Sicht auf Ihr Projekt zu bekommen.

Beispiel aus dem Studienalltag

Wenn Sie die *Vorbereitung auf eine Klausur* als Projekt betrachten, hilft Ihnen das Denken im Projektdreieck die wesentlichen Determinanten Ihres Vorhabens festzuhalten. Sie bekommen so einen Eindruck davon, was für das Gelingen Ihres Projekts von Bedeutung ist und vor allem, in welchem Verhältnis diese Faktoren zueinanderstehen.

- *Ziel* des Projekts Klausurvorbereitung ist das Schreiben der Klausur, also die Klausur an sich. Das Ergebnis dieser kann ein Optimum („Bestnote") oder ein Minimum („Hauptsache bestanden") sein. Die Qualität Ihres Projekts hängt ganz davon ab, was Ihr eigenes Erfolgskriterium ist, also was Sie mit Ihrem Projekt persönlich erreichen wollen.

- Die für das Projekt benötigten *Ressourcen* sind Arbeitszeit und Wissen. Das Ergebnis des Projekts ist zum einen abhängig davon wie viele Stunden Sie für das Projekt aufbringen können und wollen und zum anderen wie viel Vorwissen über das Thema bei Ihnen bereits vorhanden ist.

- Schließlich sind für die Vorbereitung auf eine Klausur doch eine ganze Reihe von *zeitlichen Komponenten* zu beachten. Wichtig ist der Tag der Klausur selbst (Datum, Wochentag, Uhrzeit). In diesem Zusammenhang sind zudem bestimmte Fristen wie die Anmeldung zur Prüfung oder der letztmögliche Rücktritt von der Prüfung zu beachten. Für die Zeit der Vorbereitung an sich spielen aber noch viele andere Faktoren eine Rolle. Sonstige Termine (wie andere Vorlesungen, Seminare, ein Nebenjob, Privates etc.) beeinflussen Ihre Ressource „Zeit zum Lernen" und schränken diese zumeist stark ein.

1.1.1 Zielsetzung

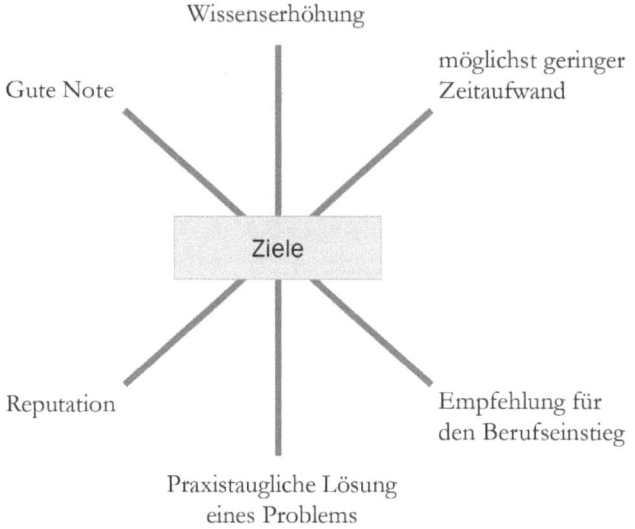

Abb. 2: Ziele im Projekt: Verfassen einer Bachelorarbeit

Das Projektdreieck hat es bereits gezeigt: Eine der wichtigsten Determinanten eines Projekts ist das Ziel. Häufig werden in Projekten lediglich die knappe Zeit und der verbindliche Endtermin betrachtet. Das wichtigste an einem Projekt ist aber das Ergebnis, schließlich wird das Projekt nur deshalb überhaupt durchgeführt. Am Anfang des Projekts steht also die Frage nach Ihrer Zielsetzung: Welche Vision haben Sie von Ihrem Projekt? Wie stellen Sie sich das Ergebnis vor und vor allem: Was wollen Sie mit Ihrem Projekt erreichen?

Durch die Zielsetzung erfährt Ihr Projekt eine erste, wenn auch noch sehr abstrakte Strukturierung. Das Ziel gibt Ihrem Projekt einen Sinn und eine Richtung.

Smarte Zielformulierung

Durch das Akronym SMART[3] werden die Determinanten einer guten Zieldefinition beschrieben. Definieren Sie Ihre Ziele nach den SMART-Kriterien,

---

[3] Doran, G. T.: There's a S.M.A.R.T. way to write management's goals and objectives, 1981.

so stellen Sie damit sicher, dass Sie diese auch wirklich im Rahmen Ihres Projekts erreichen können. So formulierte Ziele helfen Ihnen außerdem dabei, Ihre Ziele überprüfen zu können, das heißt den Erfolg (oder Misserfolg) eines Projekts sichtbar zu machen. Das bloße Benennen von Erwartungen oder Anforderungen genügt für eine angemessene Qualitätskontrolle nicht.

- *Spezifisch:* Ziele dürfen nicht vage oder unpräzise sein. Ziele müssen eindeutig, klar und auf den Punkt genau definiert werden.

- *Messbar:* Ziele müssen skalierbar sein. Das heißt, es gibt bestimmte Kriterien, nach denen Sie eindeutig den Erfolg oder Misserfolg Ihres Projekts messen können.

- *Angemessen:* Ziele müssen mit angemessenen Mitteln erreichbar sein. Die betroffenen Personen (z.B. andere Projektmitglieder) dürfen sich von den Zielen nicht über- oder unterfordert fühlen. Zudem müssen alle am Projekt Beteiligten die Ziele für ansprechend und erstrebenswert halten.

- *Realistisch:* Ziele dürfen nicht unmöglich sein. Im durch das Projekt vorgegebenen Zeitrahmen mit den zur Verfügung stehenden Ressourcen muss das Ziel durchführbar sein.

- *Terminierbar:* Ziele müssen (immer) mit fixen Daten festgelegt werden können. Das Projekt definiert sich über seine zeitliche Begrenzung mit Anfang und Ende. Dies muss sich in der Zieldefinition widerspiegeln.

Beispiel aus dem Studienalltag

„Um die Klausur am 21.11. mit einer 2,0 zu bestehen, werde ich ab heute jeden Tag 2 Stunden lernen.".

Die in Tabelle 1 formulierten Kontrollfragen helfen Ihnen bei der Definition Ihrer Projektziele mittels der SMART-Methode.

Denken Sie daran, Ihre Ziele abzustimmen. Direkt betroffen sind die anderen Projektmitglieder, aber auch Ihre Auftraggeber. In dem Sie Ihre ausformulierten Ziele allen Beteiligten vorstellen, können Sie überprüfen, ob Sie die Aufgabenstellung, d.h. den Projektauftrag, korrekt verstanden haben.

Beginnen Sie Ihr Projekt nicht, bevor nicht bei allen Beteiligten Klarheit und Einigkeit über die Zielsetzung herrscht. Ein unklares oder im schlimmsten Fall nicht vorhandenes Ziel wird Ihnen im weiteren Projektverlauf immer wieder auf die Füße fallen.

	Kriterium	Kontrollfragen
S	**spezifisch**	> Was genau wollen Sie erreichen?
		> Welche Eigenschaften soll das Ergebnis haben?
		> Wer ist am Ergebnis beteiligt?
M	**messbar**	> Woran können Sie die Zielerreichung messen?
		> In welcher „Einheit" messen Sie die Zielerreichung?
		> Wann wissen Sie, dass Sie das Ziel erreicht haben?
A	**angemessen**	> Ist das Ziel motivierend?
		> Wird das Ziel von allen Beteiligten akzeptiert?
		> Ist das Ziel durch das Projekt erreichbar?
R	**realistisch**	> Ist das Ziel machbar?
		> Ist die Zielerreichung im geplanten Zeitrahmen realistisch?
		> Ist die Zielerreichung mit den geplanten Ressourcen realistisch?
T	**terminier-bar**	> Hat das Projekt einen konkreten Anfang?
		> Hat das Projekt ein konkretes Ende?
		> Ist das Ziel innerhalb dieses Zeitrahmens planbar?

Tab. 1: Kontrollfragen zur Zielformulierung mit SMART

Praxistipp

In der Praxis gibt es eine ganze Reihe weiterer Techniken, die Sie zur Formulierung Ihrer Ziele heranziehen können:[4]

P	Positiv formuliert
U	Verstanden (understood)
R	Realistisch
E	Ethisch
C	Challenging (herausfordernd)
L	Legal (rechtmäßig)
E	Exciting (mitreißend)
A	Agreed (einverstanden)
R	Recorded (dokumentiert)
A	Ambitioniert
M	Motivierend
O	Organisiert
R	Realistisch
E	Echt
M	Machbar
A	Akzeptabel
G	Gewissenhaft
I	Inspirierend
E	Ehrgeizig

1.1.2 Stakeholder

Der Begriff Stakeholder setzt sich zusammen aus den Begriffen stake[5] und holder[6]. Eine direkte Übersetzung gibt es nicht. Am ehesten trifft die Bezeichnung Interessenvertreter oder Unterstützer zu. Ihr oder Ihre Stake-

---

[4] In Anlehnung an: Windolph, A.: PURE, CLEAR, PIDEWaWa, AMORE und MAGIE: Die unbekannten Geschwister der SMART-Formel, https://projekte-leicht-gemacht.de, Abruf im Juli. 2020.

[5] Aus dem Englischen: Einsatz, Anteil, Anspruch.

[6] Ebd.: Eigentümer, Besitzer.

holder haben ein Interesse an Ihrem Projekt bzw. dem Ergebnis Ihres Projekts und möchten Sie daher bei der Projektdurchführung unterstützen.

Neben dem Interesse an Ihrem Projektergebnis haben die allermeisten Stakeholder aber noch ganz eigene Vorstellungen und Ideen, welche sie auf unterschiedliche Weise in Ihr Projekt einzubringen versuchen werden.

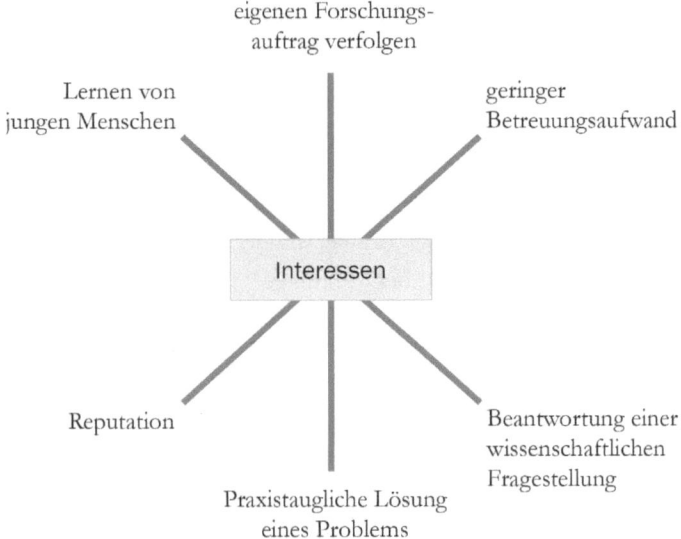

Abb. 3: Interessen des Stakeholders im Projekt: Verfassen einer Bachelorarbeit

Sie werden feststellen, dass es Interessen seitens Ihrer Stakeholder gibt, die mit Ihrer eigenen Zielsetzung für das Projekt übereinstimmen (z.B. die Beantwortung einer wissenschaftlichen Fragestellung). Genauso wird es aber auch Interessen geben, die konträr zu Ihrer eigenen Vorstellung sind. Es ergibt sich ein sogenannter Zielkonflikt. Die Vorstellung eines Stakeholders, möglichst wenig Zeitaufwand für Ihre Betreuung aufzuwenden, ist konträr zu Ihrer eigenen Zielsetzung, möglichst wenig Zeitaufwand für das Verfassen der Arbeit zu betreiben. Beide Ziele parallel werden sich nicht verwirklichen lassen. Sie müssen daher, am besten gemeinsam mit Ihrem Stakeholder, einen für alle Beteiligten gangbaren Mittelweg finden.

Stakeholderanalyse

Die Fragen in Tabelle 2 helfen Ihnen den Einfluss sowie die Betroffenheit Ihres Stakeholders durch Ihr Projekt zu analysieren.

Aspekt	Analysefragen
Einfluss des Stakeholders auf Ihr Projekt	> Welchen Beitrag seitens des Stakeholders benötigen Sie unbedingt für Ihr Projekt?
	> Kann dieser erwartete Beitrag auch tatsächlich von ihm/ihr geliefert werden?
	> Welche Entscheidungen könnte der Stakeholder treffen, die Ihr Projekt beeinflussen?
	> Welche Mittel kann der Stakeholder zum Projekt beisteuern?
	> Welche Informationen kann Ihnen der Stakeholder liefern?
	> In welcher Weise könnte der Stakeholder Ihr Projekt beeinflussen?
Betroffenheit des Stakeholders durch Ihr Projekt	> Welchen Nutzen verspricht sich der Stakeholder von Ihrem Projekt?
	> Welche Ziele verfolgt der Stakeholder?
	> Was sind die Wünsche und Erwartungen seitens des Stakeholders an Sie?
	> Welche Befürchtungen hat der Stakeholder in Bezug auf Ihr Projekt?
	> Wofür könnte der Stakeholder Ihr Projekt benutzen?
	> Wie könnte der Stakeholder Ihrem Projekt schaden?

Tab. 2: Fragen zur Stakeholderanalyse

Ein Projekt zeichnet sich, im Gegensatz zu einer Routinetätigkeit, also auch dadurch aus, dass Menschen mit verschiedensten Einflüssen, Werten, Vorstellungen und Qualifikationen zu einem bestimmten Thema zusammenkommen. Um zu erkennen, welche internen und externen Personen auf das Projekt einwirken könnten, bietet sich eine sogenannte Stakeholderanalyse (auch Umfeldanalyse) an.

Anhand der Ergebnisse dieser Analyse verstehen Sie, wer, warum, wie agiert und welche Maßnahmen Sie unternehmen können, um eventuell negativ eingestellte Personen positiv umzustimmen. Ebenso erkennen Sie mit steigender Erfahrung für das Projekt negative Blockierer und schwierige Charaktere.

Ziel der Stakeholderanalyse ist es nicht, es allen Stakeholdern immer recht zu machen, sondern sich über die Werte, Einflüsse und Interessen Ihrer Stakeholder bewusst zu sein.

Seien Sie sich darüber im Klaren, dass die Perspektive Ihres Stakeholders meist gar nicht so weit entfernt von Ihrer eigenen Perspektive ist. Scheuen Sie daher nicht davor, Ihre Stakeholder möglichst frühzeitig in Ihr Projekt mit einzubinden. Zum einen können Sie so deren Ideen und Vorstellungen schon bei der Zieldefinition beachten, zum anderen vermeiden Sie unliebsame Überraschungen, falls Ihre Vorstellungen über das Projektergebnis auseinander gehen sollten.

1.1.3 Projektteam

In der Praxis werden die allermeisten Projekte im Team erarbeitet. Im Rahmen des Studiums gibt es zwar viele Projekte, die von Ihnen allein gestemmt werden müssen, aber auch in diesem Umfeld nimmt die Anzahl an größeren Projekten, für deren Bewältigung und Umsetzung Sie ein Team benötigen, stetig zu.

Neben der Zielsetzung und den Stakeholdern kann das Projektteam, als dritte Komponente, entscheidend für den Erfolg Ihres Projekts sein. Um zu verstehen wie ein Projektteam wertschöpfend miteinander arbeiten kann, müssen Sie sich der unterschiedlichen Bedürfnisse jedes Projektmitglieds bewusst sein.

Mit seiner Bedürfnispyramide versucht Maslow[7] auf einfache Weise die Grundmotivation von Menschen zu erklären. Er geht davon aus, dass menschliche Bedürfnisse hierarchisch angeordnet sind, das heißt manche Bedürfnisse Priorität vor anderen haben. Nur wenn die Bedürfnisse einer Ebene (zumindest annähernd) erfüllt sind, treten neue Bedürfnisse einer höheren Ebene ins Bewusstsein und erscheinen erstrebenswert.

---

[7] Maslow, A. H.: A theory of human motivation, 1943.

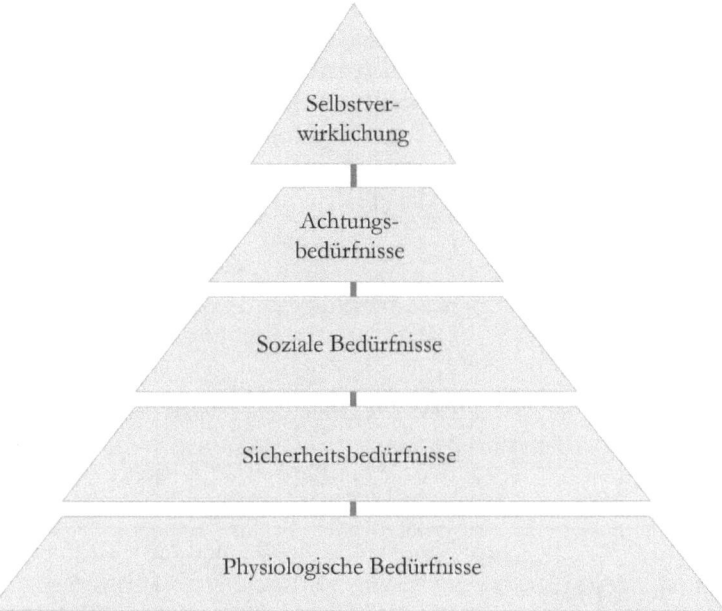

Abb. 4: Bedürfnispyramide nach Maslow

Maslow unterscheidet fünf Bedürfnisebenen. Die ersten vier Kategorien nennt er Defizitbedürfnisse (oder auch Mangelbedürfnisse) und die letzte Kategorie Wachstumsbedürfnis (oder auch unstillbares Bedürfnis). Defizitbedürfnisse müssen befriedigt werden. Der Mangel derer löst sowohl physische wie auch psychische Störungen aus. Wachstumsbedürfnisse hingegen können nie wirklich befriedigt werden, allerdings ebenso psychische Störungen (z.B. Minderwertigkeitskomplexe) auslösen.

Beispiel aus dem Studienalltag

Wenn Ihre *grundlegenden Bedürfnisse*, wie z.B. Schlaf nach einer sehr langen Party, nicht befriedigt sind, wird Ihnen dies auf einer körperlichen Ebene bewusstwerden. Alle anderen Bedürfnisse treten für Sie (am nächsten Morgen) in den Hintergrund.

Für Bedürfnisse auf der obersten Ebene, der *Selbstverwirklichung*, z.B. den Wunsch, das eigene Potenzial im Rahmen Ihres Studiums voll auszuschöpfen und sinnstiftend zu arbeiten, werden Sie an diesem Tag keine Energie aufbringen können.

Die Erkenntnisse aus Maslows Bedürfnispyramide lassen sich eins zu eins auf Projekte und Ihre Projektmitglieder übertragen. Die Ebenen sind gleich, die Inhalte speziell auf eine Projektsituation angepasst. Diese Betrachtungsweise hilft Ihnen zu verstehen, welche Bedürfnisse Ihre Projektmitarbeiter haben und was diese brauchen damit Ihr Projekt gut funktioniert.

Bedürfnisebene	Bedeutung im Projekt
physiologische Bedürfnisse	Grundlegende Anforderungen an die Arbeitsumgebung wie Ergonomie, Lichtverhältnisse, Platzangebot, Ausstattung des Arbeitsplatzes, Pausengestaltung etc.
Sicherheitsbedürfnisse	Elementare Sicherheiten wie sich auf die anderen Projektmitglieder verlassen können, das Vorhandensein von genügend Wissen, Kompetenz und passenden Werkzeugen, um die Aufgabe erfüllen zu können
soziale Bedürfnisse	Regelmäßige Treffen und Austausch mit Projektteam und Stakeholdern, Feiern von gemeinsamen Erfolgen, eine angenehme und konspirative Arbeitsatmosphäre
Achtungsbedürfnisse	Wertschätzung für erledigte Aufgaben und eigene Beiträge zum Projekt, Gefühl der eigenen Wichtigkeit und Wertigkeit für das Projekt
Selbstverwirklichung	Berücksichtigung der individuellen Ziele, Wünsche und Kompetenzen beim Zuweisen von Aufgaben, Fördern der Entwicklung des einzelnen Projektmitglieds

Tab. 3: Bedürfnispyramide im Projekt

Mit Projektrahmenbedingungen, die es den einzelnen Projektmitgliedern ermöglichen, auch die höheren Ebenen der Pyramide zu befriedigen, erhöht sich sowohl die Motivation als auch die Loyalität Ihnen als Projektverantwortlicher gegenüber. Die Erreichung der höchsten Ebene, der Selbstverwirklichung, bedeutet eine 100%-Identifikation mit Ihrem Projekt und den Projektzielen.

1.1.4 Projektphasen

Wie Sie im Rahmen der Definition des Begriffs Projekt bereits erfahren haben, hat jedes Projekt einen Anfang und ein Ende. Es ist in sich abgeschlossen und zeitlich begrenzt. Diesen zeitlichen Verlauf können Sie in sogenannte Projektphasen unterteilen.

Jede einzelne Projektphase stellt einen zeitlichen Abschnitt innerhalb des Projektverlaufs dar, der sich sachlich gegenüber den anderen Abschnitten abgrenzen lässt. Die Trennung der einzelnen Phasen erfolgt durch sogenannte Meilensteine, zu denen Sie für das Projekt wesentliche Zwischenergebnisse liefern können.

Zur Organisation eines Studienprojekts bietet sich die Unterteilung in vier Phasen an:

- Projektdefinition
- Projektplanung
- Projektdurchführung
- Projektabschluss

Im Rahmen der ersten Phase, der *Projektdefinitionsphase*, legen Sie fest, um was für ein Projekt es sich handelt und was alles zu Ihrem Projekt dazu gehören soll. Sie erstellen eine initiale Projektdefinition, die Ihnen später hilft, Ihr Projekt sauber zu strukturieren. Das Ergebnis dieser Phase (der erste Meilenstein) ist der fertige Projektsteckbrief.

Darauf folgt die eigentliche *Projektplanungsphase*, in welcher Sie den Grundstein für den Erfolg Ihres Projekts legen. Sie erarbeiten (allein oder gemeinsam mit dem Projektteam) einen Projektplan, der darstellt, wie Ihre initiale Projektdefinition konkret umgesetzt werden soll. Das Ergebnis dieser Phase ist ein Projektplan, welcher aus einem oder auch mehreren Dokumenten besteht und mit möglichst allen Beteiligten und Betroffenen abgestimmt ist.

Im Rahmen der *Projektdurchführung* findet die eigentliche Projektarbeit statt. Sie arbeiten die in der Planungsphase definierten Arbeitspakete ab und müssen dabei immer Ziele, Ressourcen und Zeit im Auge behalten. Die Phase endet mit Erreichen bzw. Fertigstellung des geplanten Projektergebnisses.

Schließlich müssen Sie Ihr Projekt „sauber" abschließen. Der *Projektabschluss* stellt das fachliche und auch administrative Ende eines Projekts dar. Diese Phase wird häufig vernachlässigt, ist aber von besonderer Bedeutung für alle weiteren Projekte, die Sie durchführen werden. Werfen Sie einen Blick zurück auf Ihr Projekt: Was war gut? Was hat noch nicht so gut funktioniert? Was wollen Sie beim nächsten Mal auf jeden Fall anders machen? Die Phase endet mit der Übergabe des Projektergebnisses an den Auftraggeber (Stakeholder), der Bewertung und der abschließenden Dokumentation.

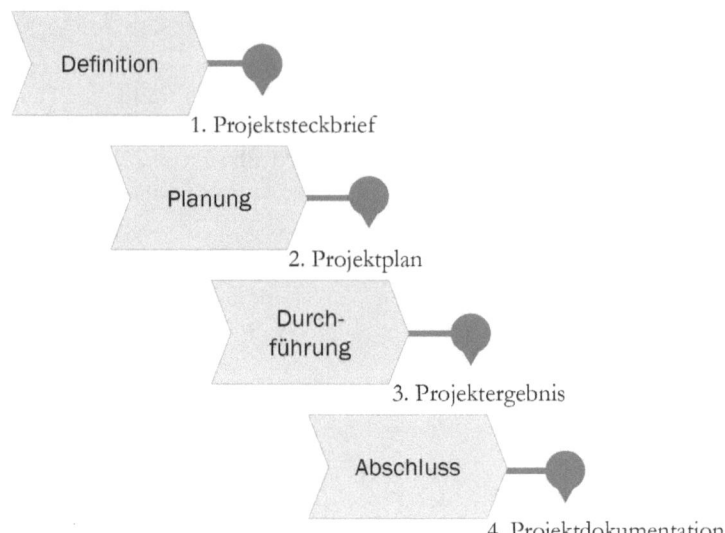

Abb. 5: Die vier Phasen eines Studienprojekts

Praxistipp

Diese Unterteilung ist nur eine von vielen Möglichkeiten, ein Projekt in Phasen zu organisieren. Je nach Art und Umfang des Projekts können auch ein anderer Ablauf und eine andere Benennung der Phasen sinnvoll sein. Jedes Projekt hat dabei mindestens die Phasen: Planung, Realisierung und Abschluss.

1.2 Projektmanagement

„Projektmanagement ist die Kunst, mit zehn Fingern elf Korken unter Wasser zu halten."

Gerhard Pews

Projektmanagement ist eine Kunst. Das Kunststück ist es, alle am Projekt beteiligten Menschen unter dem optimalen Einsatz der für das Projekt zur Verfügung stehenden Ressourcen zur Erreichung der im Vorfeld definierten Projektziele zu koordinieren.

Abb. 6: Facetten des Projektmanagements

Für den Begriff Projektmanagement gibt es darüber hinaus noch viele weitere Definitionsmöglichkeiten. Eine davon ist:

„Project Management is the application of knowledge, skills, tools and techniques to project activities to meet project requirements.”[8]

Quelle: Project Management Institute (PMI)

Aus dieser Definition geht hervor, dass für das erfolgreiche Managen eines Projekts neben den bereits vorgestellten Determinanten des Projektdreiecks (Ziel, Ressourcen und Zeit) auch Wissen, Fähigkeiten, Werkzeuge und Techniken eine große Rolle spielen. In Abb. 6 finden Sie eine Übersicht der wichtigsten Teilbereiche, die Projektmanagement im Rahmen Ihres Studiums ausmachen. Mit Hilfe dieser Darstellung wird klar, wie facetten- und umfangreich Projektmanagement sein kann.

Für Ihr Studienprojekt bedeutet dies zunächst einmal, dass Sie für die Festlegung der Ziele, die Auswahl und Benennung der Projektmitglieder sowie

---

[8] Aus dem Englischen: Projektmanagement ist die Anwendung von Wissen, Fähigkeiten, Werkzeugen und Techniken im Projekt, um die Projektanforderungen zu erfüllen.

die Verteilung von Verantwortlichkeiten, wie auch die Klärung der Ziele, Wünsche und Vorstellungen mit den Stakeholdern verantwortlich sind. Weiter liegen die initiale Projektdefinition und Projektplanung, die Festlegung und Verteilung der einzelnen Aufgaben, die Kommunikation mit dem Team, die Kommunikation und Information mit den Stakeholdern und die Überwachung der Aufgabenerfüllung in Ihrem Verantwortungsbereich. Und schließlich müssen Sie die Zielerreichung sicherstellen, fortlaufend auf die Qualität achten und den erfolgreichen Projektabschluss zur Zufriedenheit aller daran Beteiligten herbeiführen. All das zusammengefasst, bedeutet es ein Projekt zu managen.

Studienprojekt	Projektdeterminanten		
	Ziel	Ressourcen	Zeit
Referat / Präsentation (Gruppe)	gute Note	Wissen, Rhetorik	einige Wochen
Klausur	Bestehen, gute Note	Wissen, schriftliche Ausdrucksstärke	einige Wochen
Abschlussarbeit	Abschluss des Studiums	Wissen aus dem gesamten Studium	einige Monate
Semester	Abschluss aller vorgesehen Prüfungen	Wissen, Literatur, Arbeitsleistung	einige Monate
Durchführung eines Experiments	Validierung einer These, Forschungsergebnis	notwendige Technik und Arbeitsmaterialien zur Durchführung	stark variabel - abhängig vom Experiment
Auslandssemester	Erweiterung der Sprachkenntnisse, Kennenlernen neuer Orte und Menschen	Kontakte, Sprachkenntnisse	einige Monate
Praktikum	Sammeln von Praxiserfahrung, Knüpfen von Kontakten	Kontakte, sicheres Auftreten, guter Lebenslauf	einige Wochen bis Monate
Studentenparty	viele Gäste, gute Stimmung, ein unvergesslicher Abend	Vorfinanzierung Musik, Getränke und Location	ein Abend (Vorbereitung einige Wochen)

Tab. 4: Determinanten ausgewählter Studienprojekte

Projektmanagement ist also das systematische und strukturierte Vorgehen bei der Abwicklung und Leitung von Projekten. Die Ziele Ihres Projekts können nur erreicht werden, wenn Sie es schaffen, die anderen Projektmitglieder zu befähigen und zu motivieren. Dafür ist es nötig, dass die vorhandenen (zumeist knappen) Ressourcen gut geplant, organisiert und effizient eingesetzt werden. Aufgabe des Projektmanagers ist es, die Voraussetzungen dafür zu schaffen, denn diese sind nicht von vorneherein gegeben, sondern müssen im Rahmen der Projektdefinition erst einmal erarbeitet werden.

Ein Projekt richtig führen (= managen) heißt also sowohl Ziel als auch Ressourcen und Zeit stets und ständig im Blick zu haben. Die in Tabelle 4 aufgezeigten Determinanten des Projektdreiecks (Ziel, Ressource und Zeit) für beispielhafte Studienprojekte helfen Ihnen zu verstehen, was das Projektmanagement, je nach Art des Projekts, bedeutet und worauf Sie sich beim Managen Ihres Projekts fokussieren müssen.

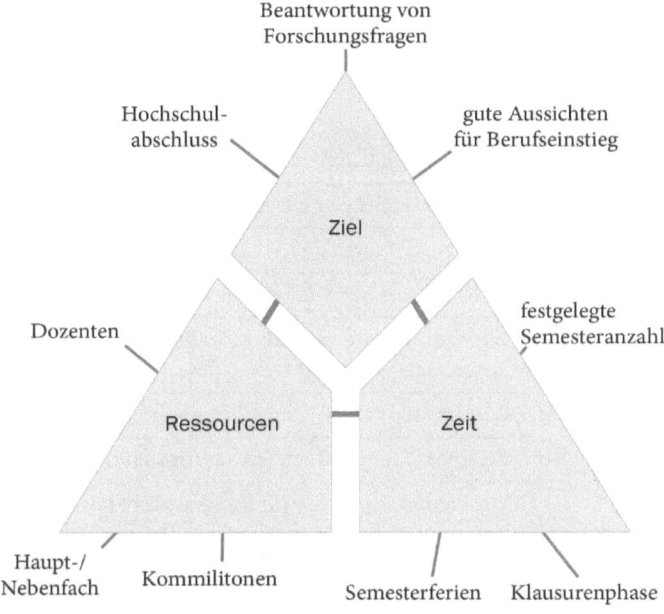

Abb. 7: Projektdreieck für das Projekt: Studium

Innerhalb Ihres Studiums werden Ihnen kleinere und größere Projekte von Anfang bis zum Ende begegnen. Gleichzeitig können Sie aber auch nicht nur einzelne Aspekte Ihres Studiums (ein Referat, ein Semester eine wissenschaftliche Arbeit), sondern das gesamte Studium an sich als ein Projekt verstehen und organisieren.

Aspekt	Analysefragen
Ziele	> Was wollen Sie mit Ihrem Studium erreichen?
	> Welche Termine müssen Sie innerhalb Ihres Studiums einhalten?
	> Was soll am Ende Ihres Studiums entstanden sein?
Stakeholder	> Wer kann Sie in Ihrem Studium unterstützen?
	> Wen müssen Sie alles in Ihrem Studium berücksichtigen?
	> Wer arbeitet mit Ihnen zusammen?
Risiken	> Was könnte in Ihrem Studium alles schief gehen?
	> Wo lauern Gefahren und Probleme?
	> Wie können Sie möglichst frühzeitig gegensteuern?
Strukturierung	> Wie können Sie die Ihre Aufgaben sinnvoll strukturieren?
	> Welche Überthemen gibt es?
	> Welche Teilaufgaben lassen sich daraus ableiten?
Terminplanung	> Welche fixen Termine gibt es für Ihr Studium?
	> Wie lange dauert das Projekt Studium insgesamt?
	> Wie lange dauern die einzelnen Teilaufgaben?
Ablaufplanung	> Welche Abhängigkeiten bestehen zwischen den Teilaufgaben?
	> Was kann parallel bearbeitet werden?
	> Was muss jetzt sofort, was kann später erledigt werden?
Kommunikation	> Mit wem müssen Sie im Rahmen Ihres Studiums alles kommunizieren?
	> Wie können Sie sich und andere richtig informieren?
	> Wie vermeiden Sie Missverständnisse?
Selbstmanagement	> Wie organisieren Sie sich selbst am besten?
	> Wie schaffen Sie es, Ihre Termine einzuhalten?
	> Wie vermeiden Sie Stress?

Tab. 5: Projektmanagement für das Projekt: Studium

Um Ihr Projekt Studium zu managen, werden Sie eine Vielzahl von Teilprojekten und/oder Arbeitspaketen initiieren, planen, durchführen und erfolgreich zum Abschluss bringen. Sie werden es nicht nur mit einem, sondern
gleich einer ganzen Reihe von Stakeholdern zu tun haben. Sie werden manche Teilprojekte allein, die allermeisten aber im Rahmen eines Projektteams
durchführen. Bei dieser Betrachtungsweise bekommt das Thema Projektmanagement (siehe Tabelle 5) eine besondere Relevanz für Sie. Wenn Sie Ihr
Studium als Projekt verstehen, können Sie, neben den üblichen und bekannten Studienhilfen, auf eine ganze Palette in der Praxis bewährter Projektma-
nagementtools und -methoden zurückgreifen und diese für Ihren Studien-
erfolg nutzen.

Zusammenfassung

Die in Abschnitt 1.1 vorgestellte *Definition eines Projekts* lässt sich
eins zu eins auf eine Vielzahl von Situationen und Arbeitsaufträgen
aus Ihrem Studienalltag übertragen. Sei es das Halten eines Referats
oder auch die Präsentation gemeinsam mit anderen Studierenden, welche Sie für den Erhalt einer Leistungsbescheinigung in einem Ihrer
Kurse benötigen. Das Verfassen einer wissenschaftlichen Arbeit zur
Erlangung eines Abschlusstitels wie Bachelor oder Master betrachten
viele Studierende bereits als ein Projekt, ohne sich dessen überhaupt
bewusst zu sein. Aber auch abseits des Studienalltags in Vorlesungen,
Seminaren und Bibliotheken lässt sich eine ganze Reihe von Möglichkeiten für studentische Projekte finden.

So werden manche von Ihnen in Ihrer Freizeit gerne Partys organisieren, andere werden bereits an der Universität politisch aktiv und stre-
ben z.B. eine Asta-Kandidatur an. Während andere wiederum sich mittels Praktika, Auslandssemester oder autonomer Tutorien auf den Einstieg ins spätere Berufsleben vorbereiten.

All diesen studentischen Projekten gemein ist, dass sie in ihrer Form
und Konstellation *einmalig* und *nicht wiederholbar*, *neuartig* und
dadurch *komplex und durch vielerlei Unsicherheiten begleitet*, sowie *in sich abgeschlossen*, das heißt zeitlich begrenzt, sind.

Um einen ersten Überblick und ein Gefühl für die Komplexität Ihres
anstehenden Projekts und das dafür notwendige *Projektmanagement* zu bekommen, ist es hilfreich sich über die drei Determinanten
(Zeit, Ressourcen, Ziel) im Rahmen des *Projektdreiecks* im Klaren zu
sein.

2   Projekte im Studium erfolgreich meistern

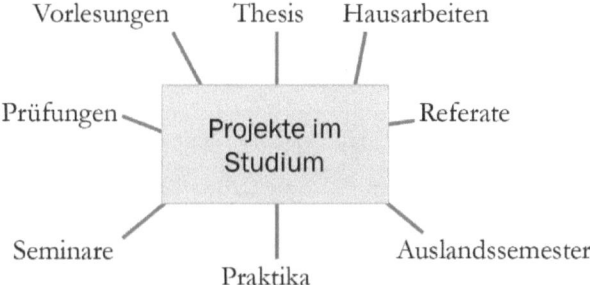

Lernziele

- Warum scheitern so viele (Studien-)Projekte?
- Was macht ein (Studien-)Projekt zu einem erfolgreichen Projekt?

In den Kapiteln drei bis sechs wird ausführlich dargestellt werden, wie Sie ein Projekt initial als solches definieren, es anschließend detailliert planen, durchführen und schließlich zum Abschluss bringen. Das folgende Kapitel soll Ihnen zunächst dabei helfen, Ihr wie auch immer geartetes Studienprojekt erfolgreich als Gesamtobjekt zu betrachten und zu meistern. Dazu werden zunächst *typische Fehlerquellen* aufgezeigt, durch die in der Praxis viele Projekte scheitern. Es folgt eine Anleitung, wie Sie es besser machen können. Es handelt sich um *Erfolgsfaktoren*, die zum guten Gelingen eines Projekts beitragen können und anhand derer sich erfolgreiche von weniger erfolgreichen Projekten unterscheiden.

Machen Sie sich zunächst klar, dass es in Ihrem Studienalltag viel mehr Projekte gibt, als Sie zunächst annehmen. Viele Aufgaben im Rahmen Ihres Studiums sind nicht besonders neu für Sie und wurden von Ihnen in der Vergangenheit auch ganz ohne Projektmanagement bewältigt (z.b. die Semesterplanung oder ein Gruppenreferat). Das ist gut so. Und es heißt auch nicht, dass Sie dadurch etwas falsch gemacht haben. Die Frage ist, ob Sie in Ihrer Arbeitsweise effizienter und effektiver hätten vorgehen können, wenn Sie die zu bewältigende Aufgaben als ein Projekt betrachtet und es mit Hilfe von Projektmanagementmethoden organisiert hätten.

Diese Erkenntnis bietet Ihnen die Möglichkeit, zukünftig Projekte, auch wenn es sich nur um kleinere Projekte handelt, als solche zu erkennen, zu verstehen und zu organisieren. Der Vorteil ist, dass sich Ihnen so ein breites Spektrum an Übungsmöglichkeiten eröffnet. Betrachten Sie das nächste Referat einmal als ein, wenn auch kleines, Projekt und managen Sie es als ein solches. Finden Sie heraus, welche im Verlauf dieses Ratgebers vorgestellte Methoden und Techniken für Sie persönlich Sinn machen, was Sie in Ihrer Arbeitsweise unterstützt und was Ihnen eventuell einfach nicht liegt. Spätestens zu Ihrer Abschlussarbeit werden Sie ein routinierter und vor allem erfolgreicher (Studien-)Projektmanager geworden sein.

2.1 Gründe für das Scheitern von Projekten

„Ein Misserfolg ist die Chance, es beim nächsten Mal besser zu machen.“

Henry Ford

Die Gründe, warum ein Projekt scheitert, sind so vielfältig und vielschichtig, wie die Gründe, warum überhaupt erst ein Projekt ins Leben gerufen wird. Im Folgenden sollen einige zentrale Themenfelder aufgezeigt werden, denen Sie immer wieder in der Praxis begegnen werden. Selten gibt es nur einen konkreten Grund, warum das Projekt gescheitert ist. Meist ist es eine bunte

Mischung aus vielerlei Faktoren, die schließlich zum Misserfolg des gesamten Vorhabens führen.

Abb. 8: Hauptgründe, warum Projekte scheitern

Ungenügende Projektdefinition/-planung

In den allermeisten Projektsituationen werden Sie wenig Zeit für eine umfangreiche und vor allem detaillierte Vorbereitung haben. Projekte starten häufig unter Zeitdruck, mit nur wenigen und meist vollkommen unkonkreten Vorgaben und dafür hohen Anforderungen an das Ergebnis.

Fatal an solchen unkoordinierten Projektstarts ist, dass es zunächst unproblematisch ist, ohne exakte Projektdefinition und -planung zu arbeiten. Sie legen einfach los, stürzen sich in die Arbeit und kommen schnell zu ersten Ergebnissen, ohne sich mit vermeidlich zeitaufwändiger und mühsamer Bürokratie herumzuschlagen Allerdings gilt:

„Wer die frühen Phasen ignoriert, bekommt zum Projektende action satt."

Ulrich Holzbaur

Der große Knall ist vorprogrammiert. Spätestens wenn Sie zum Projektabschluss Ihr Projekt bewerten wollen, werden Sie feststellen, dass ein Soll-Ist-Abgleich ohne definiertes Soll nicht möglich ist.

Viel wahrscheinlicher ist allerdings, dass es den wohlbekannten Knall schon viel früher gibt. Meist dann, wenn Sie zum ersten Mal eine Entscheidung

über das weitere Vorgehen im Projekt treffen müssen. Ohne klare Projektdefinition wird Ihnen jede einzelne Entscheidung schwerfallen oder sogar
unmöglich sein, da Sie nicht wissen, was das eigentliche Ziel des Projekts
ist. Ohne gut durchdachten Plan fehlt Ihnen die Strategie, mit solchen un-
vorhergesehenen, aber an sich nicht schlimmen Richtungsänderungen umzugehen. Sie werden schnell anfangen im Projekt zu schwimmen und als-
bald Land unter sein.

Mangelnde Kommunikation

Auch wenn Ihr Projekt eine „one man show" oder „one woman show" ist und
es kein Projektteam gibt, müssen Sie kommunizieren. In Ihrem Projekt gibt
es mindestens einen Stakeholder, der Ihnen den Projektauftrag überhaupt
erst erteilt hat und ein Interesse am Ergebnis des Projekts hat. Ohne diesen
gäbe es Ihr Projekt nicht. Gerade weil Ihr Stakeholder eine bestimmte Vorstellung vom Resultat hat, die nicht immer mit der Ihrigen übereinstimmen
muss und die Ihnen vielleicht zu Beginn des Projekts noch gar nicht explizit
und im Detail klar ist, müssen Sie ihn einbeziehen und mit ihm kommunizieren. Vor allem zu Beginn des Projekts (in der Definitionsphase) ist häufige
Kommunikation mit dem Stakeholder unerlässlich. Ohne dies stellen Sie im
schlimmsten Fall beim Projektabschluss fest, dass Ihre Zielsetzung und die
des Stakeholders stark voneinander abweichen. Im Ergebnis wird Ihr Projekt,
auch wenn es an sich ein solcher ist, nicht als Erfolg gewertet werden.

Eine besondere Rolle spielt Kommunikation, wenn Ihr Projekt im Rahmen
eines Projektteams erarbeitet wird. Ohne Kommunikation wird Ihr Projekt
nicht nur ein, sondern gleich mehrere Projektergebnisse erbringen, von denen im schlimmsten Fall keines die Anforderungen des Stakeholders erfüllt
oder Sie mit viel Mühe und unter immensem Zeiteinsatz Ihre individuell
erarbeiteten Ergebnisse unter einen Hut bringen müssen.

In einem Projekt mit mangelhafter Kommunikation wird im Projektteam zudem sehr schnell Unzufriedenheit aufkommen. Es ist für Mitarbeiter immer
frustrierend, wenn sie nicht ins Projektgeschehen einbezogen und über den
aktuellen Stand im Unklaren gehalten werden. Dies senkt die Motivation und
Bereitschaft, sich in das Projekt zu integrieren und dafür Leistung zu bringen,
was sich wiederum negativ auf das Projektergebnis auswirken wird.

Unklare Rollenverteilung

„Wer macht eigentlich was?" ist eine der häufigsten Fragen im Projekt, die
genauso häufig unbeantwortet bleibt bzw. je nach dem, wen Sie fragen, anders beantwortet wird. Dass die Rollenverteilung im Projekt unklar ist, liegt
häufig daran, dass Projektmanagement nur als eine Methode, nicht aber als

eine Organisationsform betrachtet wird. Auf die Organisationsstruktur, Verantwortungs- und Rollenverteilung wird schlichtweg kein Wert gelegt.

Zu Beginn eines Projekts scheint die Rollenverteilung meist noch klar. Es gibt viele Freiwilligenmeldungen, wenn es um die Verteilung von Aufgaben geht, da jeder zunächst versucht, sich im Team zu etablieren. Mit jeder weiteren Aufgabe allerdings, die jemand aus dem Team zusätzlich zu seinen eigenen Aufgaben übernehmen muss, wird es schwieriger, einen dafür Verantwortlichen auszumachen. Ohne klare Rollenbeschreibung, die definiert, wer für was über den gesamten Projektverlauf zuständig ist, wird jede noch so kleine zusätzliche Aufgabe im ganzen Team diskutiert werden müssen.

Zu knapp kalkulierte Ressourcen

Seien Sie sich stets darüber im Klaren, dass, wahrscheinlich wie Sie selbst, auch die allermeisten Teammitglieder nur in Teilzeit an Ihrem Projekt mitarbeiten. Je nach individueller Situation kann dies zu erheblichen Problemen für das gesamte Projektteam führen. Häufig wird viel zu optimistisch geplant, was die zur Verfügung stehende Zeit des Einzelnen angeht. Meist wird erst im Verlauf des Semesters klar, wie hoch die eigentliche Arbeitsbelastung durch Routinetätigkeiten ist. Dadurch wird die Projektarbeit zu einer immensen, im schlimmsten Fall nicht mehr schaffbaren Zusatzbelastung.

Die Auswirkungen von Ressourcenknappheit sind dramatisch: Angefangen bei enormen Zeitverzögerungen und einem schlechten Projektergebnis (meist bedingt durch sehr schlechte Teilergebnisse) bis hin zu frustrierten Teammitgliedern, die nicht länger zusätzliche Arbeit übernehmen wollen oder auch einfach selbst zeitlich nicht in der Lage dazu sind.

Falsch verstandene Anforderungen

Eine große Schwierigkeit gerade für noch unerfahrene Projektmanager liegt im Verständnis der Anforderungen an das Projekt. Es ist an Ihnen, die Anforderungen an das Projekt explizit zu erfragen und richtig zu deuten. Nur Sie allein können wissen, ob dies wirklich der Fall ist. Anforderungen sind häufig mehrdeutig, unklar formuliert und können daher sehr unterschiedlich interpretiert und verstanden werden. Gerade am Anfang ist es schwierig zu erkennen, wann eine Anforderung von geringer Qualität, unvollständig oder schlicht auf Grund bestehender Regularien und Vorgaben nicht umsetzbar ist. Schnell werden zu optimistische Annahmen getroffen und Versprechungen gemacht, die nicht gehalten werden können und später den gesamten Projektrahmen sprengen.

Uneinsichtigkeit

Einer der wichtigsten und bei weitem häufigsten Gründe, warum Projekte immer und immer wieder, trotz der Leitung durch Projektmanager mit hoher Erfahrung scheitern, liegt in der Uneinsichtigkeit. Aus der Vergangenheit wird nichts gelernt. Ja, häufig wird diese gar nicht erst als Quelle für Verbesserungsmöglichkeiten betrachtet. Eine abschließende Bewertung des Projektverlaufs, findet nicht, oder wenn, dann nur rudimentär statt. Dieselben Fehler passieren immer wieder. Häufig werden auch bewusst dieselben Abläufe, Methoden und Techniken immer wieder gewählt und in gleicher Weise angewendet, obwohl sie bereits in der Vergangenheit nicht den gewünschten Erfolg gebracht haben oder sich in der Anwendung als zu komplex erwiesen haben.

2.2 Erfolgsfaktoren für Studienprojekte

„Erfahrungen sind die Samenkörner, aus denen die Klugheit emporwächst.“

Konrad Adenauer

Ein Projekt erfolgreich zu managen heißt nicht nur Projektmanagement-Methoden und -Techniken zu beherrschen und exakt ausführen zu können. Vielmehr wird der Erfolg eines Projekts in hohem Maße von den persönlichen Eigenschaften und den Fähigkeiten des Projektmanagers und allen am Projekt Beteiligten bestimmt. Weiche Faktoren, die sich nicht immer anhand von Fakten festmachen lassen, spielen dabei eine große Rolle.

Im Folgenden werden neun Erfolgsfaktoren aufgeführt, die Ihrem Studienprojekt zum Erfolg verhelfen können. Für jeden der Erfolgsfaktor werden Sie im weiteren Verlauf dieses Studienratgebers ausführliche Erklärungen und Anwendungsbeispiele finden.

Abb. 9: Erfolgreiches Projektmanagement

Nicht jede Aufgabe ist ein Projekt.

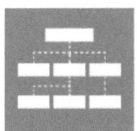

Wickeln Sie nur projektwürdige Aufgaben auch als Projekt ab. Sie verzetteln sich ansonsten in Projektmanagement, wofür überhaupt gar keines notwendig ist. Halten Sie sich dafür immer die Merkmale eines Projekts (Abschnitt 1.1) vor Augen: Ein Projekt kennzeichnet sich durch Einmaligkeit, Neuartigkeit und eine projektspezifische Organisation. Es ist immer in sich abgeschlossen, mit einem klaren Anfang und einem klaren Ende. Es ist zielorientiert und verfolgt einen bestimmten Zweck.

Setzen Sie sich Ziele, die messbar und vor allem erreichbar sind.

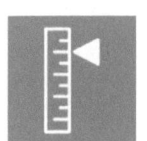

Das Herzstück einer guten Projektdefinition ist die Zielsetzung (Abschnitte 1.1.1 und 3.1.1). Nur wenn Sie Ziele aufstellen, diese quantifizierbar und vor allem mit den gegebenen Mitteln im gesteckten Zeitrahmen erreichbar sind, haben Sie überhaupt eine Chance, Ihr Projekt zum Erfolg zu führen. Jeder Projektsteckbrief sollte darüber hinaus die Rahmenbedingungen zusammenfassen und die geplante Projektstruktur skizzieren.

Sichern Sie sich ab.

Beginnen Sie Ihr Projekt erst, wenn Sie einen Projektauftrag erhalten haben. Das heißt, wenn Ihre Projektdefinition (Kapitel 3) und in groben Zügen auch bereits die Projektplanung (Kapitel 4) von Ihren Stakeholdern abgenommen worden ist. Sie sparen sich so eine Menge Arbeit, die Sie in vermeintlich stattfindende Projekte investieren, welche dann doch wieder abgesagt oder für längere Zeit verschoben werden. Durch eine offizielle Abnahme stellen Sie außerdem sicher, dass die Projektdefinition – und damit auch, was zum Projekt dazu gehört und was nicht – allen Beteiligten klar ist und nicht ohne weiteres geändert, ergänzt oder reduziert werden kann.

Finden Sie heraus, wer Interesse an Ihrem Projekt hat.

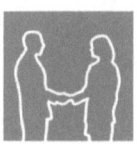

Suchen Sie sich Stakeholder (Abschnitt 1.1.2), die ein Eigeninteresse am guten Gelingen Ihres Projekts haben. Diese werden Ihnen den Rücken freihalten, da sie sich von Ihrer Leistung einen Nutzen versprechen. Gleichzeitig können sie Ihnen als Machtpromotoren helfen, wenn Sie bestimmte Dinge erreichen wollen oder für Ihr Projekt benötigen, die Sie allein nicht oder nur schwer bekommen würden.

Verschaffen Sie sich einen Überblick und behalten Sie ihn auch.

Legen Sie im Rahmen der Projektplanung mindestens Ihre Meilensteine fest. Diese Zwischenergebnisse wollen und müssen Sie unbedingt erreichen. Durch eine Unterteilung des großen Ganzen in Zwischenetappen wird es Ihnen leichter fallen einzuschätzen, wie viel zeitliche und finanzielle Ressourcen (Abschnitt 4.3) Sie dafür einplanen müssen. Die Summe daraus ergibt Ihre Ressourcenplanung. Behalten Sie Ihre Planung stets und ständig im Auge. Statusberichte und Statusmeetings (Abschnitt 5.1) helfen Ihnen dabei zu erkennen, ob Ihr Projekt noch planmäßig verläuft.

Sorgen Sie für eine klare Rollenverteilung (für Projekte im Team).

Sobald Ihr Projekt von mehr als einer Person bearbeitet wird, müssen Sie anfangen, Aufgaben zu verteilen. Dazu braucht es Rollen im Projekt. Eine Person übernimmt die Rolle des Projektleiters. Der Projektleiter widmet sich dem Projektmanagement. Er plant, steuert, organisiert, koordiniert und informiert alle am Projekt Beteiligten. Dies kann seine primäre Aufgabe sein, in Studienprojekten ist es aber eher wahrscheinlich, dass der Projektleiter selbst intensiv am Projekt mitwirkt. Die übrigen Projektmitglieder brauchen eine klare Rollenverteilung (Abschnitt 3.2.1), damit zu jeder Zeit jeder weiß, was seine Aufgabe und Verantwortung sind. Mittels einer Rollenbeschreibung lässt sich dies dokumentieren. Diese sollte mindestens Angaben über die Funktion im Projekt und die zugeordneten Aufgaben enthalten. Nur wenn jedem am Projekt Beteiligten klar ist, welchen Beitrag er leistet und auf welche Weise er für den Projekterfolg mitverantwortlich ist, kann das Projekt in Summe ein Erfolg werden.

Kommunikation, Kommunikation, Kommunikation!

Kommunikation ist, wie so oft, der eigentliche Schlüssel zum Erfolg. Gewöhnen Sie sich an, mit den internen Anspruchsgruppen (Projektteam) sowie den externen Anspruchsgruppen (Stakeholder) stets und ständig zu kommunizieren. Informieren Sie regelmäßig über den Projektfortschritt, binden Sie die Betroffenen bei anstehenden Entscheidungen mit ein und gehen Sie offen mit kritischen Situationen um (Abschnitte 5.1 und 5.2). Neben dieser formalen Kommunikation ist die informelle Kommunikation gleichermaßen wichtig. Ein angenehmes Klima, in welchem sich alle Projektmitglieder trauen zu kommunizieren ist der Nährboden für kreative Ideen und Fortschritt. Denken Sie daran, digitale Möglichkeiten zu nutzen, falls nicht immer alle Teammitglieder vor Ort zusammenarbeiten können.

Soviel Projektmanagement wie nötig, aber so wenig wie möglich.

Betreiben Sie keinen Projektmanagement-Overkill. Nutzen Sie die Methoden und Techniken zur Definition, Planung und Durchführung Ihres Projekts im richtigen Maße und wohldosiert. Der Bedarf an Projektmanagement wird mit zunehmender Komplexität und Schwierigkeit der Aufgabenstellung steigen. Für ein einfaches Gruppenreferat müssen Sie sich keinen vollautomatischen Projektplan programmieren, eine einseitige Übersicht, welche die Projektphasen und Meilensteine darstellt, genügt. Die Nutzung elektronischer Hilfsmittel ist immer sinnvoll. Dies können Kommunikationsmedien (Abschnitt 5.2.3) sein, aber auch geeignete Software-Tools, die Sie in Ihrer Projektorganisation sinnvoll unterstützen.

Lernen Sie aus Ihren Fehlern.

Es ist nicht schlimm, wenn Dinge einmal schieflaufen oder noch nicht unbedingt die erwarteten Ergebnisse bringen. Das Studium ist eine Zeit des Lernens, und Lernen bedeutet immer auch Dinge falsch machen zu dürfen. Schlimm ist es allerdings, wenn dieselben Dinge immer wieder schieflaufen und aus der Vergangenheit nichts gelernt wurde. Betrachten Sie jedes einzelne Projekt, welches Sie im Rahmen Ihres Studiums absolvieren, immer auch als eine Lehreinheit und ziehen Sie aus jeder Rückschlüsse daraus, was Sie gelernt haben, was es für Ihre Arbeitsweise bedeutet und was Sie daraus für zukünftige Projekte mitnehmen können (Abschnitt 6.2).

Zusammenfassung

Ob Hausarbeiten, die mal wieder parallel zum wöchentlichen Vorlesungsmarathon geschrieben werden müssen, anstehende Klausuren, für die es bereits frühzeitig zu lernen gilt, oder das Praktikum im Sommersemester, für welches Sie unbedingt noch die Bewerbungen verschicken müssen, fangen Sie an, Ihr Studium als ein Projekt zu verstehen!

- *Ein Projekt*, welches aus einer Vielzahl von Teilprojekten und kleineren Arbeitspaketen besteht.

- *Ein Projekt,* welches Sie mit den entsprechenden Hilfsmitteln kontrollieren und sogar zielorientiert steuern können.

- *Ein Projekt,* welches Sie mit Hilfe von Projektmanagement erfolgreich zum Abschluss bringen können!

3   Das Projekt definieren

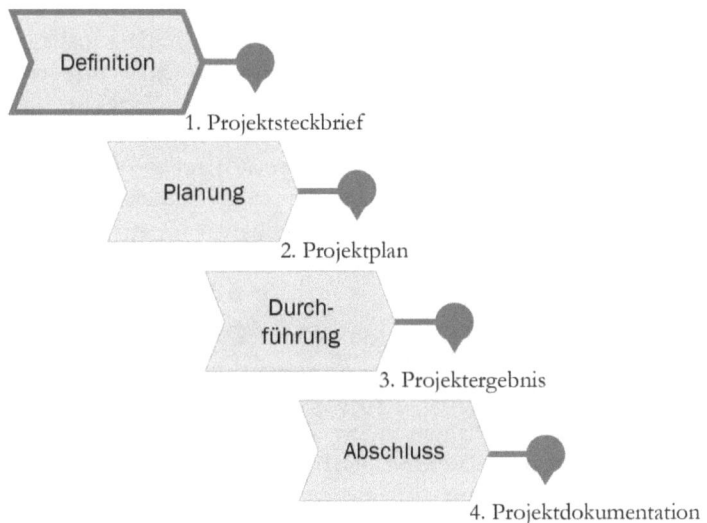

1. Projektsteckbrief

2. Projektplan

3. Projektergebnis

4. Projektdokumentation

Lernziele

- Welche Rahmenbedingungen müssen bereits vor Projektbeginn geklärt werden?
- Wie kann man ein Projekt strukturieren?
- Was gehört alles in einen Projektsteckbrief und wofür ist dieses Dokument gut?

Bevor Sie Ihr Projekt beginnen können, ja bevor Sie es überhaupt planen können, müssen Sie die zu bewältigende Aufgabe erst einmal als ein Projekt definieren. Der Anfang Ihrer Projektarbeit wird daher immer die **Projekt-definition** sein. Sie legen dabei fest, um was für ein Projekt es sich handelt und was alles zu Ihrem Projekt dazu gehören soll und respektive was nicht dazugehören wird, was Sie von vornherein ausgrenzen. Sie definieren Ihren Projekt-Scope[9]. Ein bewährtes Instrument zur Erstellung dieser initialen Projektdefinition ist der sogenannte Projektsteckbrief.

Je vollständiger und genauer Ihr **Projektsteckbrief** verfasst ist, umso leichter wird Ihnen im nächsten Schritt die Planung Ihres Projekts fallen. Viele Themen, die Sie im Rahmen der Projektplanung detailliert festlegen und entscheiden müssen, haben Sie im Rahmen der Projektdefinition bereits grob umrissen. Sie können die Definition Ihres Projekts daher auch als eine Art Gedankenstütze verstehen, die Ihnen hilft, von Beginn an alle Facetten eines Projekts im Blick zu haben. Sie werden feststellen, dass es Themen gibt, denen Sie von Anfang an Beachtung schenken sollten, um die Sie sich bisher aber noch gar keine Gedanken gemacht haben. Genau dafür ist dieser Arbeitsschritt nützlich und wichtig für das gute Gelingen und den späteren Erfolg Ihres Projekts.

Der im Folgenden vorgestellte Projektsteckbrief gliedert sich in zwei Abschnitte. Es handelt sich dabei um den **Projektrahmen**, in welchem Sie sich mit der Projektzielsetzung, den bereits gemachten Versprechungen, eine ersten Aufwandsschätzung sowie den zur Verfügung stehenden Ressourcen beschäftigen. Der zweite Abschnitt behandelt die **Projektstruktur** inklusive einer ersten Übersicht zur Projektorganisation, den Verantwortlichkeiten und der Projektkontrolle. Das Ergebnis dieser Phase (der erste Meilenstein) ist der fertige Projektsteckbrief.

3.1 Projektrahmen

„Der Langsamste, der sein Ziel nicht aus den Augen verliert, geht noch immer geschwinder, als der ohne Ziel herumirrt."

Gotthold Ephraim Lessing

Starten Sie die Definition Ihres Projekts mit einer Art Bestandsaufnahme: Worum geht es in Ihrem Projekt, was ist das eigentliche Problem bzw. die Aufgabenstellung?

---

[9] Aus dem Englischen: Projektumfang, Projektinhalt.

		Projektrahmen	
1	Name/„Titel" des Projekts	Chancen und Risiken einer Kampagne gegen die umweltgefährdende Nutztierhaltung	
2	Art des Projekts	wissenschaftliche Arbeit	
3	3 TOP-Themen	1.) Probleme der Nutztierhaltung	
		2.) mögliche Kampagnen	
		3.) Interessengruppen	
4	erste Schritte/ „Quickwins"	1.) Thema mit Betreuer besprechen (erledigt)	
		2.) Arbeit und Titel anmelden (geplant für morgen)	
		3.)	
5	absehbare Engpässe/ „Stolpersteine"	1.) Fachwissen zum Thema „Umweltgefährdung"	
		2.) Sommerurlaub des betreuenden Dozenten kurz vor Abgabetermin	
		3.) Vielversprechende Bewerbung um Sommerpraktikum	
6	Stakeholder	1.) Betreuer Hr. Müller	
		2.) Fr. Meyer vom Fachbereich Ernährungswissenschaften möchte die Thematik „umweltgefährdende Nutztierhaltung" in einem Fachvortrag verwenden	
		3.)	

Tab. 6: Projektrahmen zum Projekt: Verfassen einer wissenschaftlichen Arbeit

Vielleicht trägt Ihr Projekt bereits einen **Namen oder Titel**. Oft hilft die Kreation dessen einen emotionalen Bezug herzustellen und es zu Ihrem Projekt zu machen. Entscheidend für alle weiteren Überlegungen, die Sie im Rahmen der Projektdefinition anstellen sollten, ist die **Art des Projekts**. Je nachdem, ob es sich um ein kurzfristiges oder eher längerfristiges, ein Projekt, welches Sie allein stemmen oder im Team bearbeiten, an welches Sie hohe Erwartungen stellen oder welches eben getan werden muss, handelt, werden Sie die folgenden Abschnitte der Projektdefinition unterschiedlich stark oder schwach gewichten.

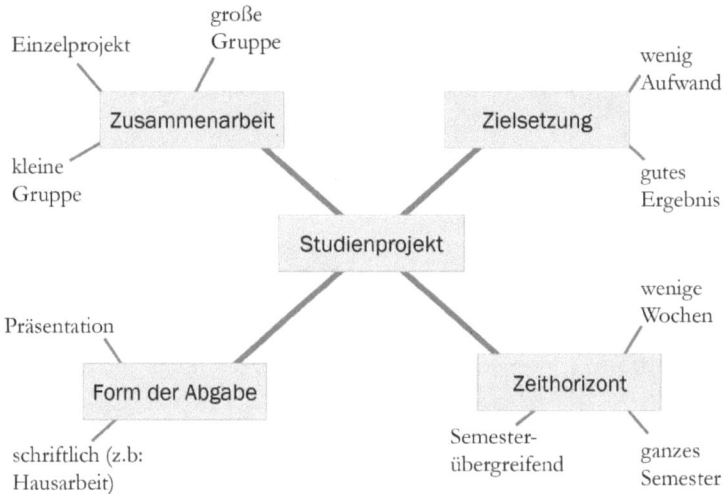

Abb. 10: Mögliche Arten eines Studienprojekts

Falls Sie bereits erste Ideen oder Aspekte, die unbedingt von Relevanz sein werden, für Ihr Projekt im Kopf haben, können Sie diese als **TOP-Themen** notieren.

Hilfreich ist es, die ersten Schritte bereits jetzt zu skizzieren. Vielleicht haben Sie einige davon unbewusst, aber selbstverständlich, schon erledigt (z.B. die Anmeldung zu einer Prüfung oder das bereits feststehende Team für das Gruppenreferat). Dann können Sie diese als sogenannte **Quickwins**[10] verbuchen. Gleichzeitig sollten Sie sich aber auch, Gedanken über mögliche **Stolpersteine** oder absehbare Engpässe machen (z.B. das bereits zugesagte Praktikum in den Semesterferien, welches Ihre verfügbare Zeit stark einschränken wird, oder vorhandene und bekannte Wissenslücken, die Ihnen

---

[10] Aus dem Englischen: Ein ohne großen Aufwand erzielter Profit.

bereits in der Vergangenheit Schwierigkeiten in ähnlichen Projektsituationen bereitet haben).

Zum Projektrahmen gehören schließlich auch die *Stakeholder* (siehe Abschnitt 1.1.2), denn diese haben, neben Ihrem eigenen, ein entscheidendes Interesse an der Fertigstellung und dem guten Gelingen Ihres Projekts. Je nach Projektart können die Stakeholder aber auch eigene Wünsche und Vorstellungen von der Umsetzung und Ausgestaltung Ihres Projekts haben, die nicht immer unbedingt im Einklang mit Ihren eigenen sein müssen. Wichtig ist, dass Sie sich dessen bereits im Vorfeld bewusst sind, um auf diese entsprechend Rücksicht nehmen zu können.

3.1.1 Projektziel

Projektziel				
		Ergebnis	Maximal-Ziel	Minimal-Ziel
1	zu erreichende Ergebnisse	1.) Prüfung bestehen	< 2,0	< 4,0
		2.) Wissenszuwachs	10 Themen	1 Thema
		3.)		
2	vordefinierte Ergebnisse durch Dritte (Machbarkeit?!)	1.) Vorgabe aus der Studienordnung: mind. Note 4,0 zum Bestehen des Moduls		
		2.)		
		3.)		
3	sonstige Kriterien	1.) Überwindung meiner Prüfungsangst		
		2.)		
		3.)		

Tab. 7: Projektziel zum Projekt: Prüfungsvorbereitung

Warum die Zielsetzung für den erfolgreichen Abschluss eines Studienprojekts besonders wichtig ist und wie Sie Ihre Ziele konkret (z.B. mittels der

SMART-Methode) definieren können, haben Sie bereits in der Einführung erfahren (siehe Abschnitt 1.1.1).

Im Rahmen Ihrer initialen Projektdefinition halten Sie die konkreten *Ergebnisse*, welche Sie durch Ihr Projekt zu erreichen gedenken, als Ihre Projektziele fest.

Zusätzlich zu Ihren eigenen Zielen gibt es für die allermeisten Studienprojekte aber auch **bereits vordefinierte Ergebnisse durch Dritte** (z.B. zu erreichende Punkte oder Noten). Häufig werden diese durch Ihre Stakeholder festgelegt (z.B. durchzuführende Tests oder Analysen zur Beantwortung bestimmter Fragestellungen im Rahmen einer wissenschaftlichen Arbeit).

Denken Sie daran, bereits frühzeitig zu prüfen, ob Ihre eigenen Ziele mit den erwarteten Ergebnissen Ihrer Stakeholder vereinbar sind, oder ob sich hier womöglich Zielkonflikte ergeben. Alle Ziele, die Sie im Rahmen Ihrer initialen Projektdefinition festlegen, sollten auch machbar, das heißt im Rahmen des Projekts erreichbar sein.

Praxistipp

Formulieren Sie für jedes zu erreichende Ergebnis sowohl ein *Maximal-Ziel* als auch ein *Minimal-Ziel*.

Für das Projekt *„Prüfungsvorbereitung"* kann ein Minimal-Ziel das Bestehen aller Klausuren mit einem Durchschnitt von 4,0 sein. Ein Maximal-Ziel könnte lauten: „Ich bestehe jede einzelne Klausur mit mindestens 2,0" oder „Mein Noten-Durchschnitt aller Klausuren soll nicht schlechter als 2,5 sein".

Dieses Vorgehen hilft Ihnen zum einen, Klarheit darüber zu erlangen, was Sie selbst gerne für sich erreichen wollen. Zum anderen bleiben so Ihre Ziele auch im Falle unvorhergesehener Ereignisse (Projektkrisen) erreichbar.

Und schließlich: Denken Sie, trotz aller Ergebnisse, die erbracht werden müssen, auch an sich und Ihr Leben außerhalb des Projekts. *Sonstige Kriterien*, die erfüllt sein müssen, damit das Projekt am Ende als Erfolg bezeichnet werden kann, sind deswegen genauso wichtig wie das Projektziel selbst.

3.1.2 Versprechungen und Erwartungen

Im nächsten Schritt halten Sie fest, welche **Versprechen** Sie bereits gemacht haben und welche **Erwartungen** es daher an Ihr Projekt gibt. Wenn Sie unsicher sind, wie sich die Erwartungen an Ihr Projekt gestalten werden, können Sie an dieser Stelle wieder auf das Projektdreieck (siehe Abschnitt 1.1) zurückgreifen. Die allermeisten Erwartungen an ein Projekt lassen sich den Determinanten Ziel, Ressourcen und Zeit zuordnen.

In Tabelle 8 sehen Sie typische Beispiele für Versprechungen, die bereits gemacht wurden, aber vielleicht nicht eingehalten werden können. Denken Sie daran: Alles, was Sie im Vorfeld, also noch bevor Ihr Projekt überhaupt gestartet ist, jemandem versprochen haben, wird später auch von Ihnen erwartet werden. Überlegen Sie daher gut, was Sie bereits frühzeitig versprechen können und was Sie erst durchdenken und konkret planen müssen.

Versprechungen/Erwartungen		
1	Versprechungen, die bereits gemacht wurden, deren Erfüllung erwartet wird	1.) Auftritt einer Live-Band
		2.) keine Sperrstunde
		3.) max. 500 Gäste
2	allgemeine Erwartungen oder individuelle/latente Erwartungen des Auftraggebers (Studiendekan)	1.) Sicherheit für alle Teilnehmer
		2.) ruhiges und friedliches Beisammensein
		3.) keine negativen Pressestimmen

Tab. 8: Versprechungen & Erwartungen zum Projekt: Organisation einer Party für Erstsemester

Wenn Sie unsicher sind, bitten Sie um mehr Bedenkzeit. Es ist besser, die Einzelheiten eines Projekts in mehreren Runden zu definieren, als Dinge zu versprechen, die Sie später nicht oder nur mit extremem Ressourceneinsatz oder unter immensem Zeitdruck einhalten können.

Neben den Versprechen, die Sie bereits gegeben haben, sollten Sie an dieser Stelle auch die Erwartungen Ihres Auftraggebers (Stakeholder) festhalten. Je nach Größe des Projekts können dies auch die Erwartungen der anderen Projektmitglieder sein.

3.1.3 Aufwandsschätzung

Aufwandsschätzung		
1	anfallende Kosten (geplant/ungeplant)	1.) Fragebögen
		2.) Auswertungssoftware
		3.) Geschenke für Teilnehmer
2	finanzielle Ressourcen/Budget	1.) 500 € Zuschuss durch den Fachbereich
		2.) 250 € Teilnahmeprämie am Wettbewerb „Studenten forschen" (Voraussetzung ist Abgabe der Unterlagen)
		3.)
3	Projektdauer/zeitlicher Aufwand	1.) Gesamtdauer 6 Monate
		2.) zunächst 2 Tage pro Woche
		3.) ab der Feldphase (Befragung) bis zum Abschluss (Auswertung und Dokumentation) 4 Tage pro Woche
4	zeitliche Einschränkungen	1.) Prüfungsphase im März
		2.) Osterferien im April
		3.) viele Feiertage im Mai
5	bereits vorgegebene Deadlines	1.) Deadline des Wettbewerbs „Studenten forschen" ist der 31.08. (Abgabe der Forschungsergebnisse)
		2.) Deadline des Fachbereichs ist der 15.09.
		3.)

Tab. 9: Aufwandsschätzung zum Projekt: Durchführung einer Studie

Um Ihr Projekt später exakt planen zu können, müssen Sie im Vorfeld eine Aufwandsschätzung durchführen. Diese Kalkulation bezieht sich auf die Determinanten Ressourcen und Zeit des Projektdreiecks.

Neben der Ressource *menschliche Arbeitsleistung* werden Sie für das ein oder andere Studienprojekt auch *finanzielle Ressourcen* benötigen. Je nach Projekt kann dies sehr schnell sehr umfangreich (denken Sie an eine Party mit Auftritt einer Live-Band) werden. Häufig sind es aber die kleinen versteckten Budgetposten, die in Summe eine nicht zu vernachlässigende Komponente darstellen und im schlimmsten Fall sogar die Machbarkeit des Projekts und damit den Projekterfolg gefährden können.

Machen Sie sich klar: Für jedes Studienprojekt fallen Kosten an (und seien es nur Druckkosten, Leihgebühren, Arbeitsmaterialien wie Stifte und Papier). Je mehr geplante Kosten und je weniger ungeplante Kosten Sie haben, desto leichter fällt Ihnen die Projektplanung und vor allem die Einhaltung des Projektplans.

Hilfreich ist es zudem ein *Projektbudget* festzulegen, um zu wissen, welche finanziellen Ressourcen es für das Projekt überhaupt gibt. Im Rahmen einer Budgetplanung können Sie dann kalkulieren, was alles mit Ihrem Budget erreichbar ist und was Sie eventuell wieder herausstreichen müssen, weil es nicht finanzierbar ist.

Denken Sie daran, dass es im Rahmen Ihres Studiums eine Vielzahl ganz unterschiedlicher *Quellen* für finanzielle Ressourcen gibt. (Forschungsmittel, Zuschüsse, Stipendien, Förderungen durch Unternehmen etc.) Bestandteil einer initialen Projektdefinition ist es auch, sich mit den finanziellen Rahmenbedingungen und Möglichkeiten der Förderung des eigenen Studienprojekts auseinander zu setzen und diese im Rahmen der Aufwandsschätzung zu kalkulieren und zu notieren.

Neben den finanziellen Ressourcen ist der *zeitliche Aufwand* die zweite wichtige Komponente, die Sie im Vorfeld einschätzen müssen.

Dabei spielt die Dauer des Projekts eine wesentliche Rolle. Sie werden eine andere Planungsstruktur benötigen, je nachdem ob Ihr Projekt in nur wenigen Wochen abgeschlossen sein wird oder sich über mehrere Monate hinziehen kann.

Wie lange ein Projekt konkret dauert, liegt allerdings nicht immer in Ihrer eigenen Hand, das heißt Sie sind dabei fremdbestimmt. Meist gibt es Deadlines und Termine, die Sie einhalten müssen und die Sie nur sehr schwer umgehen oder abändern können (z.B. die zur Verfügung stehende Zeit zum Verfassen einer wissenschaftlichen Arbeit oder ein bestimmter Prüfungstermin, bis zu welchem Sie alles gelernt haben müssen).

Vergessen Sie bei der Planung des zeitlichen Aufwands und der Dauer des Projekts nicht Ihre individuellen zeitlichen Einschränkungen wie Urlaub, Praktika, Vorlesungszeiten etc. Oftmals ist der Studienalltag vollgepackt mit Aktivitäten und Pflichtveranstaltungen, welche die noch zur Verfügung stehende Zeit für ein Projekt stark einschränken.

3.1.4 Verfügbare Informationen

Umso mehr Informationen Sie bereits im Vorfeld gesammelt haben, umso leichter und besser wird Ihnen der Einstieg in Ihr Projekt gelingen. Fangen Sie daher an, sobald Sie auch nur darüber nachdenken ein Projekt zu initiieren, *Hintergrundinformationen* rund um das Thema zu sammeln. Speichern oder heften Sie sich alle Materialien gut ab. Sie können heute noch nicht wissen, wofür Sie es morgen benötigen werden.

Verfügbare Informationen					
1	Hintergrundinformationen zum Auftraggeber, Thema, Wettbewerb etc.	1.) Fachtagung für Biochemie in Schulen 2.) 10. Veranstaltung dieser Art 3.) viele Teilnehmer aus dem eigenen Fachbereich			
2	existierendes Knowhow	1.) Wer hat die Rede im letzten Jahr gehalten? 2.) Studenten-Workshop: „Freies Reden vor Publikum" 3.)			
3	themenspezifische Ansprechpartner/„Wissensträger"	Thema	Kontakt	Thema	Kontakt
		Tagung allgemein	Fr. S.	Zeitplanung	Fr. U.
		Fachthemen	Hr. M.	persönliches Coaching	Fr. H.

Tab. 10: Verfügbare Informationen zum Projekt: Halten einer Rede auf einem Fachkongress

Neben Informationsmaterial sind Kontakte, Ansprechpartner und sogenannte *Wissensträger* wichtig für das gute Gelingen eines Projekts. Mer-
ken oder notieren Sie sich zu jedem Kontakt auch gleichzeitig sein oder ihr
Thema und eine Kontaktmöglichkeit, um später im Bedarfsfall wirklich auf
das Wissen zurückgreifen zu können.

Vieles wird Ihnen im Rahmen Ihres Studiums gänzlich neu erscheinen. Und
dennoch, machen Sie sich klar, dass es zu vielen Themen bereits sehr gutes
und informatives Material gibt. Fragen Sie sich daher: Welches *Know-how*
existiert bereits zu Ihrem Projekt? Gibt es Referenz-Projekte? Gibt es Fachliteratur? Können Sie auf Schulungen oder Veranstaltungen mehr darüber
erfahren? Wer ist in Ihrem eigenen oder auch einem fremden Lehrstuhl für
das Thema verantwortlich und kennt sich bereits damit aus?

Umso umfangreichere und detailliertere Informationen Sie im Vorfeld über
das Thema Ihres Projekts zusammentragen konnten, umso sicherer werden
Sie Ihr Projekt durchführen. Vor allem Projekte, die Ihnen zunächst Unbe-
hagen verursachen oder deren Umfang und explizite Ausgestaltung Sie
noch nicht so recht erfassen können, machen Sie durch Informationen und
Wissen über das was Sie erwartet greifbar.

3.2 Projektstruktur

„Der Anfang ist die Hälfte des Ganzen."

Aristoteles

Die Projektstruktur hilft Ihnen Ihr Projekt zu organisieren. Die Struktur eines Projekts können Sie als die Menge aller Elemente und ihrer wechselsei-
tigen Beziehungen innerhalb des Projekts verstehen. Je nachdem welche
Struktur Sie für Ihr Projekt wählen (oder welche am besten passt), werden
Sie Ihren Projektplan gestalten. Je exakter Ihre Vorstellung von der Struktur
des Projektes ist, umso leichter wird es Ihnen später fallen einen Projektplan
zu erstellen.

Um zu verstehen, was die Struktur eines Projekts ausmacht, fragen Sie sich,
welcher *Logik* Ihr Projekt folgt und ob man diese eventuell in Phasen, die
aufeinander aufbauen, darstellen kann. Überlegen Sie außerdem, welche
Methoden Sie in Ihrem Projekt anwenden wollen. Je nach gewählter Methode wird sich dies ebenfalls wieder auf Ihren Projektplan auswirken.

Projektstruktur					
1	Projektlogik (Phasen)	Primärforschung			
		Phase 1	Phase 2	Phase 3	Phase 4
		Vorberei-tung	Durchfüh-rung	Auswer-tung	Empfeh-lung
2	Methodik	empirische Untersuchungsform: Befragung (persönlich, telefonisch, schriftlich oder online)			
3	Meilensteine	1.) Befragungsdesign steht fest 2.) Alle Befragungen sind durchgeführt 3.) Alle Befragungsergebnisse sind ausgewertet 4.) Ergebnisbericht			

Tab. 11: Projektstruktur für ein Projekt mit empirischer Untersuchungsform

Später werden Sie aus der Projektstruktur die Teilprojekte, Arbeitspakete und Teilvorgänge sowie deren logische Ordnung für Ihr Projekt ableiten können.

Und schließlich gehören zu Ihrer Projektstruktur die *Meilensteine*. Fragen Sie sich, was Sie mit Ihrem Projekt erreichen wollen, was Sie bereits versprochen und vereinbart haben oder was von Ihnen erwartet wird. Die Meilensteine werden später Ihre Zwischenergebnisse sein. Immer dann, wenn Sie einen Meilenstein erreicht haben, werden Sie ein erstes Ergebnis, wenn auch nur Teilergebnis oder Entwurfsversion, in den Händen halten und Ihren Auftraggebern präsentieren können.

3.2.1 Projektorganisation

Dieser Abschnitt des Projektsteckbriefs ist vor allem wichtig, wenn Ihr Projekt in Teamarbeit durchgeführt wird. Sobald mehr als eine Person aktiv am Projekt beteiligt ist, benötigen Sie eine Projektorganisation.

Wenn schon bekannt, notieren Sie alle Personen, die Bestandteil des *Projektteams* sein werden. Neben den grundlegenden Informationen wie Name und Kontaktdaten müssen Sie außerdem wissen, wer wieviel Zeit in das Projekt investieren kann und wer wann verfügbar ist bzw. wer wann zeitlich eingeschränkt ist. Diese Angaben benötigen Sie zum einen für Ihre Aufwandsschätzung, aber auch später für die Terminplanung innerhalb des Teams.

Projektorganisation				
1	Zusammensetzung des Projektteams	Name	wie viel / wann verfügbar	
		Max M.	2 Tage pro Woche / Freitag nie	
		Tina D.	1 Tag pro Woche / immer Montag	
		Lisa O.	3 Wochen im Juli	
		Leon K.	5 Tage pro Woche / nur bis Juli	

		Name	Kompetenzen/ Präferenzen	Name	Kompetenzen/ Präferenzen
2	Kompetenzen/Präferenzen der Projektmitglieder	Max	Excel		
		Tina	Interviews		
		Lisa	Organisation		

3	zusätzliche/ alternative Ressourcen	Nina D. und Jens M. / verfügbar im Juli und August

		Name	Zuständigkeit	Name	Zuständigkeit
4	wichtige Ansprechpartner (Zuständigkeit)	Frau M.	Projektleitung		
		Herr K.	Sponsor		
		Herr U.	Auftraggeber		

Tab. 12: Projektorganisation für ein Projekt mit mehreren Teammitgliedern

Wenn Sie noch nicht genau wissen, wer alles am Projekt beteiligt sein wird, notieren Sie stattdessen, was alles für das Projekt benötigt wird. Im nächsten Schritt können Sie dann für diese Aufgaben jemanden suchen bzw. später im Team die Verantwortlichkeiten für diese Aufgaben verteilen.

Denken Sie an Maslows Bedürfnispyramide (siehe Abschnitt 1.1.3) und notieren Sie ebenfalls die *Kompetenzen* und Präferenzen der einzelnen Projektteammitglieder. So lassen sich Aufgaben leichter und vor allem bedarfsgerecht verteilen.

3.2.2 Verantwortlichkeiten

Ein wichtiger Bestandteil Ihrer Projektstruktur ist die klare Benennung und Verteilung der Verantwortlichkeiten. Die sogenannte RACI-Matrix[11], eine Matrix, die Verantwortlichkeiten darstellt, kann Ihnen dabei helfen. Im Rahmen einer RACI-Matrix unterscheidet man vier Arten von Zuständigkeiten.

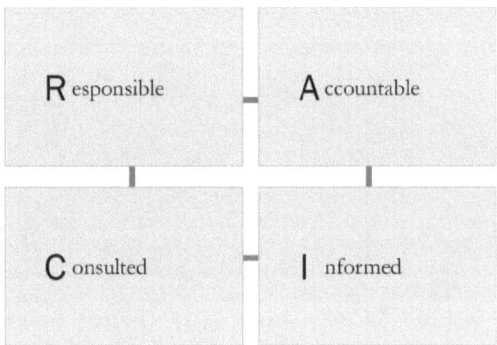

Abb. 11: RACI-Verantwortlichkeitsmatrix

- **Responsible** ist die Person, die verantwortlich im disziplinarischen Sinne ist. Sie trägt das Risiko für das Gelingen der Aufgabe (jemand, der dafür „gerade" steht).
- **Accountable** ist die Person, die für die eigentliche Umsetzung, die Erledigung der Aufgabe, verantwortlich ist, jedoch ohne für den Zustand oder die Qualität verantwortlich gemacht werden zu können (das ist die responsible Person).
- **Consulted** ist die Person, die in fachlicher Hinsicht verantwortlich ist und (zumeist der accountable Person) beratend zur Seite steht. Diese

---

[11] In Anlehnung an RAM (Responsibility Assignment Matrix) definiert im PMBOK® Guide des PMI.

Person hat das nötige Wissen und Knowhow und hat häufig an der Formulierung des erwarteten Projektergebnisses mitgewirkt.

- *Informed* muss die Person werden, die Informationen über Projektverlauf, Status und Projektergebnis benötigt (zumeist die Stakeholder).

Durch die Zuweisung dieser vier Kategorien stellen Sie eine nahezu vollständige Abdeckung der im Projekt benötigten Zuständigkeiten dar. Im besten Fall können Sie für jede einzelne Aufgabe alle vier Kategorien benennen.
Die Mindestangabe sind die ersten beiden. Jede Aufgabe muss einen
„Responsible" und einen „Accountable" haben. Das heißt für jede Aufgabe
muss es jemanden geben, der dafür die Verantwortung übernimmt und jemanden, der die Aufgabe umsetzt. Ohne diese beiden Zuordnungen bleiben
Aufgaben häufig liegen und werden von niemandem erledigt.

Projekt: Präsentation	Gruppenmitglieder			
Aufgabe	Max	Julia	Tim	Sarah
Recherche Thema A	R	A	I	C
Recherche Thema B	I	R	A	C
Erstellung der Präsentation	A	C	I	R
Kommunikation mit Dozent	C	R	A	I

Abb. 12: RACI-Matrix für eine Präsentation in der Gruppe

Die verschiedenen RACI-Kategorien sind nicht zwangsläufig an eine Person
gebunden. Jemand kann für eine Aufgabe responsible sein, für eine andere
accountable, für eine dritte consulted und für eine vierte informed. Jedoch
kann er nicht verschiedene Kategorien (oder besser gesagt Rollen) für ein
und dieselbe Aufgabe gleichzeitig zugewiesen bekommen. Jemand, der für
etwas accountable ist, darf dafür nicht gleichzeitig responsible sein. Er kann
sich auch nicht selbst beratend zur Seite stehen (consulted) und sich selbst
zu informieren braucht er auch nicht (informed). Zur Zuordnung der RACI-
Kategorien bietet sich die Verwendung einer Matrix wie in Abb. 12 an.

Unabhängig davon, ob Ihr Projekt in einem Team oder von Ihnen allein
durchgeführt wird, sollten Sie Ihre wichtigsten *Ansprechpartner* (ebenfalls
vollständig mit Name, Kontaktdaten und Verfügbarkeit) in diesem Abschnitt
notieren.

3.2.3 Kontrollpunkte

Beenden Sie Ihre initiale Projektdefinition mit der Festlegung einiger Kontrollpunkte. Halten Sie fest, welche *Kontrollinstanzen* (z.b. Abstimmungstermine oder das Einreichen von Zwischenergebnissen) vereinbart wurden bzw. Sie mit Ihren Stakeholdern (und eventuell den anderen Projektteammitgliedern) vereinbaren wollen.

Um ein Projekt kontrollieren zu können, benötigt es aber nicht nur einiger Reporting-Instanzen, sondern auch *Eskalationsprozesse* und Eskalationsmechanismen. Überlegen Sie sich bereits im Vorfeld gut, was Sie machen, wenn es in Ihrem Projekt Probleme gibt oder Konflikte (z.b. mit anderen Projektteammitgliedern oder Ihrem Stakeholder) auftreten. Denken Sie auch darüber nach, ob die bisher gewählten Ansprechpartner in Krisensituationen noch die richtigen Personen sind, oder ob Sie auch noch von anderen Seiten Hilfe bekommen und erwarten können. Notieren Sie sich alle Kontakte mit Namen, Kontaktdaten und einer kurzen Notiz zur Verfügbarkeit.

Kontrollpunkte					
1	Projektkontrolle (vereinbartes Reporting)	1.) wöchentliches Team-Meeting			
		2.) einmal pro Monat Treffen mit Stakeholdern			
		3.) Dokumentation aller Ergebnisse auf einem SharePoint			
2	Eskalations-mechanismen & -prozesse	Dringend: Projektleiter informieren Wichtig, aber nicht dringend: Ansprache im wöchentlichen Team-Meeting			
3	Ansprechpartner im Krisenfall	auf Projekt-Seite	Tel.	auf Auftraggeber-Seite	Tel.
		Frau U.		Frau T.	
		Herr K.		Herr M.	

Tab. 13: Kontrollpunkte für ein Projekt im Team mit 6 Monaten Laufzeit

Stellen Sie sicher, dass Sie mit den wichtigsten Personen Ihres Projekts regelmäßig und intensiv im Austausch stehen, auch wenn dieser Austausch komplett digital stattfindet. Ein Projekt zu kontrollieren heißt auch das Projektgeschehen als iterativen Prozess zu verstehen. Projekte entwickeln und verändern sich und Projektdefinitionen müssen daher manchmal und von Zeit zu Zeit auch angepasst, erweitert oder reduziert werden. Verstehen Sie dies nicht als „Scheitern", sondern als Prozess auf dem Weg zu Ihrem Ziel, dem Projektergebnis. Mit der richtigen Projektkontrolle stellen Sie sicher, Ihr gestecktes Ziel auch tatsächlich zu erreichen.

Praxistipp

Mit Hilfe eines *Projektsteckbriefs* definieren Sie Ihr Projekt. Sie können dazu die hier aufgezählten Bereiche nacheinander abarbeiten und so die Rahmenbedingungen und die Projektstruktur für Ihr Projekt klären, müssen Sie aber nicht. Bedenken Sie: Jeder Projektsteckbrief sieht anders aus. Art, Umfang und Gestaltung sind abhängig vom Projekt selbst, den Teilnehmern, der Projektdauer und letztendlich auch von Ihnen, Ihren Vorlieben, Ihrem eigenen Stil und Ihrer präferierten Arbeitsweise.

In Kapitel 8 Arbeitsvorlagen finden Sie ein Beispiel für einen Projektsteckbrief, mit deren Hilfe Sie eine initiale Projektdefinition für Ihr Projekt durchführen können.

Checkliste für die Projektdefinition

☐ Sind die Rahmendaten für das Projekt festgelegt (inkl. Name, TOP-Themen und Stakeholdern)?

☐ Ist die Art des Projekts klar definiert?

☐ Gibt es erste Ergebnisse, die bereits als Quickwins verbucht werden können?

☐ Sind Engpässe oder Stolpersteine abzusehen? Haben Sie sich erste Lösungsmöglichkeiten, um damit umzugehen, überlegt?

☐ Sind die zu erreichenden Ergebnisse (inkl. Maximal- und Minimal-Ziel) formuliert?

☐ Liegen Ihnen bereits vordefinierte Erwartungen (z. B. seitens Ihrer Stakeholder) vor? Haben Sie diese auf ihre Machbarkeit überprüft?

☐ Sind Ihnen die Erwartungen (sowohl an Ihre Ergebnisse als auch an Sie persönlich) seitens Ihrer Stakeholder klar?

☐ Haben Sie eine Aufstellung der anfallenden Kosten und Ihres finanziellen Budgets angefertigt?

☐ Sind Sie sich darüber im Klaren, dass auch ungeplante Kosten auftreten können? Haben Sie finanziellen Spielraum eingeplant?

☐ Sind Dauer, zeitlicher Aufwand und bereits vorgegebene Deadlines für das Projekt definiert?

☐ Haben Sie bei der Zeitplanung zeitliche Einschränkungen (z.B. Urlaub, Praktika) berücksichtig?

☐ Haben Sie bereits erste Hintergrundinformationen (z.B. Referenz-Projekte, Experten, Literatur, Schulungen, Veranstaltungen) zum Thema gesammelt?

☐ Hat sich das Projektteam inkl. aller beteiligter Personen bereits zusammengefunden?

☐ Sind die Aufgaben und Verantwortungen im Team klar verteilt?

☐ Ist Ihnen bekannt, welches Projektmitglied in welchem Umfang und wann verfügbar ist?

☐ Sind Ihnen die Kompetenzen, besonderen Stärken und Präferenzen der Projektmitglieder bekannt?

☐ Ist sich das gesamte Projektteam über die Zielsetzung des Projekts im Klaren? Gibt es stark voneinander abweichende Einzelziele bzw. Zielerreichungskonflikte?

☐ Sind Ihnen die wichtigsten Ansprechpartner (vor allem für den Krisenfall) für Ihr Projekt mit Namen, Zuständigkeit und möglichst vollständigen Kontaktdaten bekannt?

☐ Haben Sie für Ihre Projektstruktur eine Logik (bestenfalls in Phasen) definiert?

☐ Haben Sie die zu verwendenden Methoden im Projekt definiert und sich über deren Vor- und Nachteile eingehend informiert?

☐ Sind die wichtigsten Meilensteine für Ihr Projekt benannt und in eine zeitliche Reihenfolge gebracht?

☐ Haben Sie mit Ihrem Projektteam und Ihren Stakeholdern eine Projektkontrolle vereinbart?

☐ Gibt es ein einheitliches Reporting, welches von allen Projektmitgliedern genutzt wird?

☐ Falls es zu Problemen oder Konflikten im Projekt kommt: Sind Eskalationsmechanismen definiert?

4   Das Projekt planen

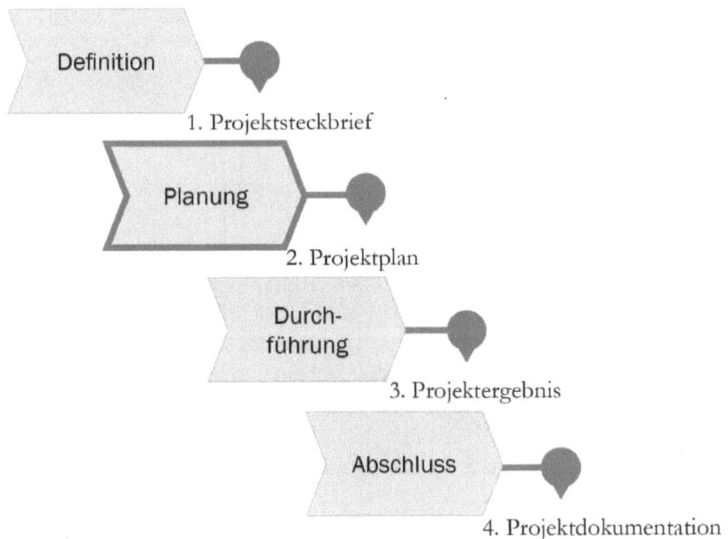

Definition

1. Projektsteckbrief

Planung

2. Projektplan

Durch-
führung

3. Projektergebnis

Abschluss

4. Projektdokumentation

Lernziele

■ Wie lassen sich einzelne Arbeitsschritte planen?
■ Wie lässt sich der zeitliche Ablauf organisieren?
■ Wie werden zeitlich und finanziell begrenzte Ressourcen in der Planung eines Projekts berücksichtigt?

Mit der initialen Projektdefinition (Projektsteckbrief) haben Sie den Grundstein für ein erfolgreiches Projekt gelegt. Was nun folgt, ist die eigentliche Projektplanung. Im **Projektplan** wird dargestellt, wie die initiale Projektdefinition konkret umgesetzt werden kann. Dies erleichtert die Kommunikation mit allen Beteiligten (z.B. Projektmitglieder und Stakeholder) und die Abstimmung der benötigten Ressourcen, Budgets und Aufgaben. Durch eine detaillierte Projektplanung ergibt sich zudem die Möglichkeit, bereits frühzeitig etwaige Problemfelder zu identifizieren und diese gezielt anzugehen. Je früher ein Problem oder ein Engpass erkannt wird, desto geringer ist der Aufwand zur Behebung. In einem so frühen Stadium des Projekts können alternative Szenarien noch sinnvoll durchdacht und ohne komplexe Umplanung im Projekt berücksichtigt werden.

„Die Wissenschaft der Planung besteht darin, den Schwierigkeiten der Ausführung zuvorzukommen."

Vauvenargues

Am Ende der Planungsphase sollten Sie einen mit Ihren Stakeholdern und Projektmitgliedern abgestimmten Plan haben, den Sie z.B. in einem Kickoff-Meeting[12] dem gesamten Projektteam vorstellen und feiern können. Nutzen Sie diesen Moment, um einmal innezuhalten und zurückzublicken: Sie haben bereits viel geschafft! Ihr Studienprojekt ist klar definiert, Sie haben Auftraggeber, die schon ganz gespannt auf Ihre Ergebnisse sind, Sie haben ein hoch motiviertes Team mit klaren Verantwortlichkeiten und Zuständigkeiten, und vor allem: Sie haben sich einen Plan davon gemacht, wie Ihr Projekt ablaufen wird. Mit einem guten Projektplan können Sie selbstbewusst und zielorientiert die Durchführung Ihres Projekts beginnen.

Praxistipp

Kein Plan kann zu 100% die Wirklichkeit abbilden. Projektplanung ist immer auch ein Spagat zwischen Theorie und Praxis. Es gilt zwar: Umso besser ein Projekt geplant ist, desto wahrscheinlicher ist der Projekterfolg, aber auf der anderen Seite besteht die Gefahr der Verzettelung und des Bürokratismus. Häufig wird das Planen dann zur Ersatzhandlung für die eigentliche Projektarbeit.

Beispiel: Sie programmieren den Projektplan für Ihr Projekt „Schreiben einer Bachelorarbeit" mit Hilfe eines vollautomatischen Excel-Tools, anstatt endlich mit dem Schreiben der wissenschaftlichen Arbeit zu beginnen.

---

[12] Aus dem Englischen: Auftaktsitzung, Eröffnungsbesprechung.

> Vor lauter Projektplanung kommen Sie nicht mehr zur eigentlichen Projektarbeit oder fangen im schlimmsten Fall erst gar nicht damit an. Allen Beteiligten sollte daher klar sein, dass ein Projektplan immer nur eine Annäherung an die Wirklichkeit sein kann und lediglich ein Hilfsmittel, nicht aber der eigentliche Gegenstand des Projekts ist.

In der Praxis werden die vielfältigsten Werkzeuge und Tools genutzt, um ein Projekt zu planen. Für ein erfolgreiches Studienprojekt sind drei davon unbedingt notwendig. Dies sind zum einen Ihre *Arbeitsstruktur* und Ihre *Terminplanung* und zum anderen Ihr *Ressourceneinsatz*. Der Begriff Projektplan wird häufig synonym für einzelne dieser Instrumente verwendet, oft aber auch für alle drei zusammengefasst. Alle drei Instrumente werden in den folgenden Abschnitten vorgestellt und deren Anwendung in der Praxis mit Beispielen erläutert.

4.1 Arbeitsstruktur

„Ordnung ist die Verbindung des Vielen nach einer Regel."

Immanuel Kant

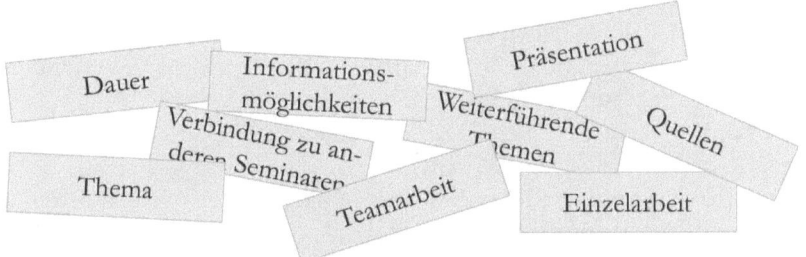

Abb. 13: Lose Sammlung von Projektbausteinen zum Projekt: Seminararbeit

Ein Projekt zu strukturieren heißt alle notwendigen Projetbausteine logisch miteinander zu verknüpfen. Beginnen Sie mit einer Sammlung loser Projektbausteine, die Ihnen spontan einfallen. Nutzen Sie dafür unbedingt Ihren bereits erstellten Projektsteckbrief. So stellen Sie sicher, keine wichtigen oder bereits definierten Arbeitsbereiche zu vergessen. Mit Hilfe des Arbeitsstrukturplans reduzieren Sie die Komplexität Ihres Vorhabens, behalten den Überblick und können diesen auch in hektischen Momenten bewahren.

Halten Sie außerdem immer Ihre Zielsetzung im Auge. Es soll nicht der Projektplan erfüllt, sondern das Projektziel erreicht werden.

In dieser Phase des Projekts kann es hilfreich sein, mittels Kreativitätstechniken wie dem *Brainstorming*, einer *Mind-Map* oder der *KUSS-Methode* zunächst einmal Ideen für mögliche Projektbausteine zu sammeln. Diese Methoden können Sie allein oder auch in der Gruppe anwenden. Aus den Ergebnissen lässt sich dann zumeist viel einfacher der eigentliche Projektplan generieren.

Lassen Sie sich Zeit bei der Projektplanung, probieren Sie unterschiedliche Methoden aus oder kombinieren Sie diese. Denken Sie daran: „Wer die frühen Phasen ignoriert, der bekommt zum Projektende Action satt."[13]

4.1.1 Brainstorming

Der Begriff „Brainstorming" steht für Ideenwirbel oder auch Gedankensturm.[14] Diese Methode eignet sich besonders für schwierige Fragestellungen, mit denen Sie sich zunächst überfordert fühlen, bzw. immer dann, wenn die Kreativität und das Assoziationspotenzial einer Gruppe genutzt werden sollen (z.B. wenn Sie eine Präsentation für ein Seminar innerhalb eines Studierendenkollektivs planen).

Grundregeln des Brainstormings

- Weder die eigenen noch fremde Gedanken dürfen kritisiert werden.
- „Spinnen" ist ausdrücklich erlaubt. Alle Gedanken, auch außergewöhnliche und unkonventionelle Ideen, dürfen und sollen sogar frei und ungehemmt zum Ausdruck kommen.
- Sie können versuchen, die Ideen der anderen aufzugreifen und zu verfolgen (müssen Sie aber nicht).
- Quantität geht vor Qualität: Produzieren Sie möglichst viele Ideen ohne Rücksicht auf deren Verwendbarkeit.

Die Sammlung der Ideen sollte maximal 15-20 Minuten dauern. Alles was darüber hinausgeht, wird schnell unproduktiv. Natürlich sind gute Ideen und „Gedankenblitze" aber auch nach Beendigung des Brainstormings zugelassen. Eine für alle sichtbare Mitschrift ist hilfreich, denn sie fördert die Assoziationen der Teilnehmer. Es spielt dabei nur eine untergeordnete Rolle, ob die Dokumentation an einem Flip Chart, einer Tafel, einer Metaplanwand, mit oder ohne Karteikarten, vor Ort oder digital stattfindet.

---

[13] Holzbaur, U.: Projektmanagement für Studierende, 2014.

[14] Clark, C. H.: Brainstorming. Methoden der Zusammenarbeit und Ideenfindung, 1972.

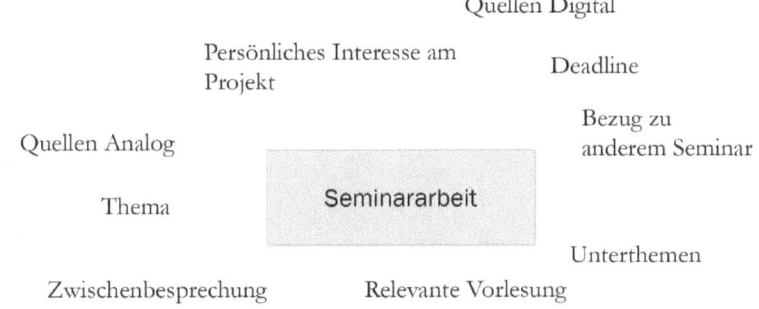

Abb. 14: Ergebnis eines Brainstormings zum Projekt: Seminararbeit

Nach der Phase der Ideensammlung wird das Ergebnis ausgewertet. Die Ideen werden geordnet, kumuliert und auf ihre Verwendbarkeit hin überprüft. Es ist ratsam, zwischen den beiden Phasen eine Pause einzulegen, um die Ergebnisse auf sich wirken zu lassen.

4.1.2 Mind Map

Beim Mind-Mapping[15] geht es darum, abstrakte Begriffe in einer gehirngerechten Form zu visualisieren. Diese Methode erfolgt idealerweise im Anschluss an ein Brainstorming. So können Verbindungen zwischen einzelnen Gedankenblitzen hergestellt und Ideen weitergedacht werden. Dadurch können auch komplexe Themen, von denen Sie sich zunächst überfordert fühlten, vertieft, systematisch gegliedert und anschließend mit geeigneten Aufbaustrukturen verdeutlicht werden.

Die Mind-Map-Methode aktiviert Ihr bildlich-räumliches Denkvermögen. Der Ausgangspunkt Ihres Mind-Maps sollte daher immer ein in der Mitte angebrachter oder dargestellter Begriff sein, der stichwortartig das Thema bzw. die Problemstellung beinhaltet (Beispiel: Seminararbeit). Versuchen Sie zunächst Hauptpunkte zu entwickeln, sodass das Bild von innen nach außen wächst, wie ein Baum, dessen Stamm sich zunächst in die Hauptäste und dann in immer kleinere Verästelungen verzweigt. Detaillieren Sie Ihre Zweige so lange, bis das Thema ausreichend bearbeitet ist. Nicht alle Zweige müssen den gleichen Detailgrad haben. Mind-Maps sind immer offene Strukturen und können auch später noch ergänzt oder verändert werden. Durch Verwendung unterschiedlicher Farben und/oder Symbole können Sie zusätzlich Namen, Verantwortlichkeiten, Beispiele, To Dos, Fragen etc. markieren und somit besonders hervorheben.

---

[15] Buzan, T./Buzan, B.: Das Mind-Map-Buch. Die beste Methode zur Steigerung Ihres geistigen Potenzials, 2002.

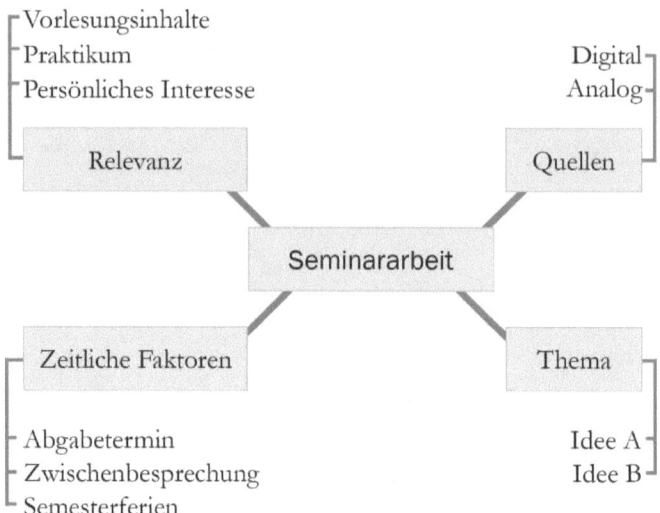

Abb. 15: Ergebnis eines Mind Maps zum Projekt: Seminararbeit

Die Mind Map-Methode aktiviert Ihr bildlich-räumliches Denkvermögen. Der Ausgangspunkt Ihres Mind Maps sollte daher immer ein in der Mitte angebrachter oder dargestellter Begriff sein, der stichwortartig das Thema bzw. die Problemstellung beinhaltet (Beispiel: Seminararbeit). Versuchen Sie zunächst Hauptpunkte zu entwickeln, sodass das Bild von innen nach außen wächst, wie ein Baum, dessen Stamm sich zunächst in die Hauptäste und dann in immer kleinere Verästelungen verzweigt.

Detaillieren Sie Ihre Zweige so lange, bis das Thema ausreichend bearbeitet ist. Nicht alle Zweige müssen den gleichen Detailgrad haben. Mind Maps sind immer offene Strukturen und können auch später noch ergänzt oder verändert werden. Durch Verwendung unterschiedlicher Farben und/oder Symbole können Sie zusätzlich Namen, Verantwortlichkeiten, Beispiele, Kernthemen, To Dos, Fragen etc. markieren und somit besonders hervorheben.

4.1.3 KUSS-Methode

Ein weiteres Planungswerkzeug, vor allem wenn Sie allein und nicht in einer Gruppe Ihr Projekt planen, ist die sogenannte KUSS-Methode[16]. Durch das Beantworten vier einfacher Fragen können Sie mit dieser Technik auch sehr

---

[16] In Anlehnung an Windolph, A.: Hilfsmittel zur ersten Projektstrukturierung, https://projekte-leicht-gemacht.de, Abruf im Juli 2020.

komplexe Themen greifbar machen und strukturieren. Die von Ihnen in der Projektdefinition bereits gesammelten Daten dienen dabei als Grundlage für die nähere Betrachtung und Strukturierung Ihres jeweiligen Themas.

Fragestellung		mögliche Antwort
K	**lar**	> Form/Format der Abgabe > Datum der Abgabe > Wertung der Note (bspw. Höhe der Credit Points)
U	**nklar**	> Länge der Arbeit > erlaubte Hilfsmittel > Auswahl relevanter Quellen
S	**trittig**	> Thema der Arbeit (exakte Formulierung) > Schwerpunktsetzung > Untertitel ja/nein
S	**chlüsselpersonen**	> Dozent > Korrekturleser (zeitliche Verfügbarkeit!) > die eigene Person

Tab. 14: Ergebnis einer KUSS-Analyse zum Projekt: Seminararbeit

▪ *K – Was ist klar?*

Stellen Sie sich zunächst die Frage, welche Fakten Ihnen bereits vorliegen. Welche Informationen haben Sie bereits bekommen (z.B. durch das Prüfungsamt oder Ihre Stakeholder)? Gibt es eine Historie zum Projekt?

▪ *U – Was ist unklar?*

Fragen Sie sich dann, welche Themen noch nicht definiert sind. Welche Informationen fehlen Ihnen noch? Woran müssen Sie unbedingt denken? Was ist in Ihren Augen besonders wichtig?

▪ *S – Was ist strittig?*

Fragen Sie sich außerdem, wo es noch Diskussionsbedarf gibt (mit der Prüfungskommission, Ihren Stakeholdern oder anderen Projektmitgliedern). Welche Standpunkte vertreten Sie und welche unterschiedlichen Sichtweisen erwarten Sie? Wie könnten Sie darauf reagieren und eventuell sogar vorbeugen?

■ *S – Wer sind die Schlüsselpersonen?*
Zu guter Letzt fragen Sie sich, wer die wichtigsten Personen für den Erfolg Ihres Projekts sind. Dies können Ihre Stakeholder, aber auch andere
Projektmitglieder, ohne deren Hilfe Sie Ihr Projekt nicht stemmen können, sein. Welche Personen, spielen außerdem noch eine Rolle? Mit wem
werden Sie zusätzlich oder zumindest temporär zusammenarbeiten und
an wen berichten Sie Ihre Ergebnisse?

Ob Sie den Input für Ihren Projektplan durch eine Kreativitätstechnik wie
Brainstorming, Mind Map, die KUSS-Methode oder unmittelbar basierend
auf Ihrer initialen Projektdefinition gewinnen, spielt letztendlich keine
Rolle. Versuchen Sie die für sich und Ihr jeweiliges Studienprojekt sinn-
vollste Methode oder Methodenkombination herauszufinden. Probieren Sie
sich aus und nutzen Sie in unterschiedlichen Projektsituationen und Team-
konstellationen hin und wieder auch unliebsame Methoden, um deren Vor-
und Nachteile herauszufinden.

4.1.4 Ordnungsstruktur

Die Ihnen nun vorliegenden mehr oder weniger losen Projektbausteine gilt
es im nächsten Schritt zu strukturieren. Dafür überlegen Sie sich zunächst
potenziell mögliche Ordnungsstrukturen und wählen dann die für das eigene Projekt am besten geeignete aus.

Hierarchische Ordnung

Eine weit verbreitete Methode zur Erstellung eines Arbeitsstrukturplans ist
die Gliederung in hierarchisch geordnete Arbeitspakete. Sie beginnen auf
der obersten Ebene mit Teilprojekten und verfeinern diese immer weiter in
Teilaufgaben, Arbeitspakete und Aufgaben (auch Tasks genannt).

Versuchen Sie alle anfallenden Arbeiten in Ihrem Strukturplan abzubilden
und klar zuzuordnen. Eine Tätigkeit, die als Schnittstelle eigentlich zwischen zwei Arbeitspaketen liegen müsste, ordnen Sie entweder der einen
oder der anderen Seite zu, oder Sie eröffnen dafür ein neues zusätzliches
Arbeitspaket.

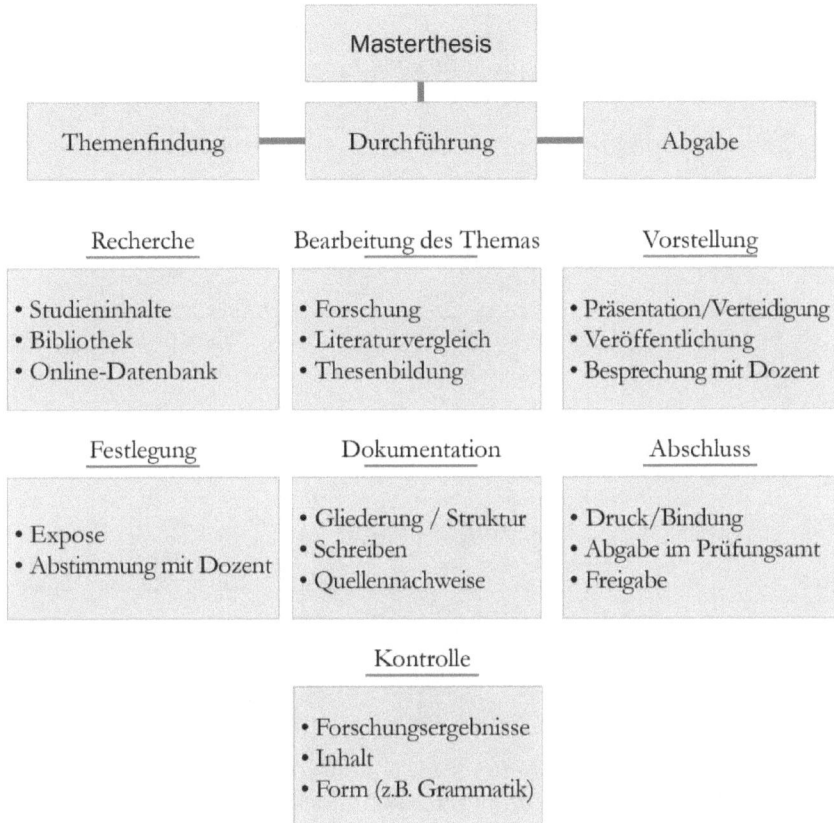

Abb. 16: Hierarchische Ordnung für das Projekt: Schreiben einer Masterthesis

Thematische Ordnung

Eine weitere Möglichkeit, einen Arbeitsstrukturplan zu entwickeln ist die thematische Anordnung der Gliederungselemente. Ganz ähnlich wie in einem Mind-Map (Tipp: Vielleicht haben Sie ja bereits eines erstellt, dann können Sie dieses nun weiter nutzen.) ordnen Sie die Aufgaben, welche in Ihrem Projekt anfallen werden, unterschiedlichen Themenschwerpunkten zu. Jedem Thema ordnen Sie im nächsten Schritt dann die jeweiligen zu beachtenden Aspekte zu. Wenn nötig fahren Sie fort mit einer weiteren Ebene und den notwendigen Teilaspekten oder Unterthemen.

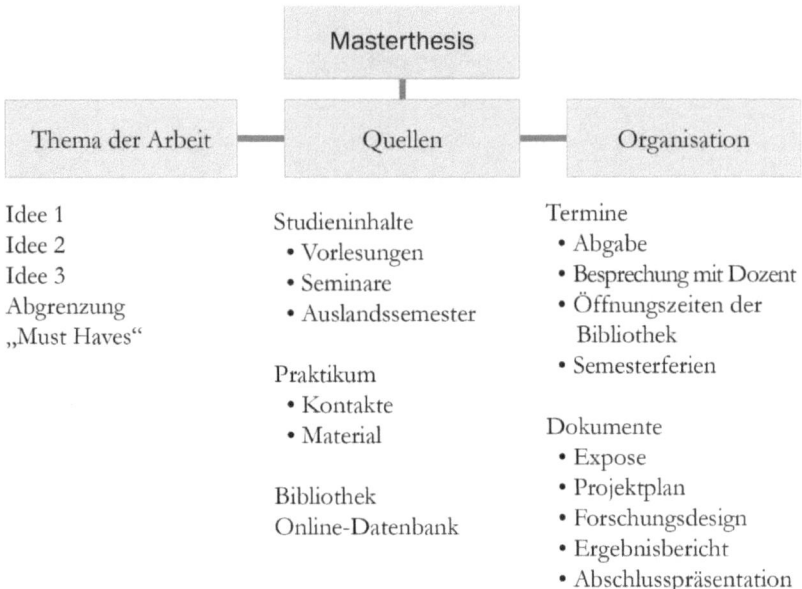

Abb. 17: Thematische Ordnung für das Projekt: Schreiben einer Masterthesis

Praxistipp

Für Ihr Studienprojekt sollten Sie mindesten zwei bis maximal sechs Teilbereiche definieren. Pro Teilbereichsebene sollten Sie mindesten drei bis maximal sieben Unterbereiche entwerfen. Alles darüber hinaus wird schnell unübersichtlich und damit schwer kalkulierbar.

Dynamische Ordnung

Eine dritte Möglichkeit, die an dieser Stelle vorgestellt werden soll, ist die dynamische Gliederung in Projektphasen. Ein so gearteter Arbeitsstrukturplan bildet bereits einen zeitlichen Ablauf ab und kommt damit dem Terminplan, welchen Sie im nächsten Schritt für Ihr Projekt entwickeln werden, am nächsten. Gleichzeitig ist diese Methode aber auch am schwierigsten umzusetzen und bedarf etwas Erfahrung mit Projekten und deren typischen Ablaufphasen.

Bei diesem Vorgehen stellen Sie auf der obersten Ebene Ihre Projektphasen dar. Für jede einzelne Phase listen Sie dann die zu erledigenden Aufgaben auf.

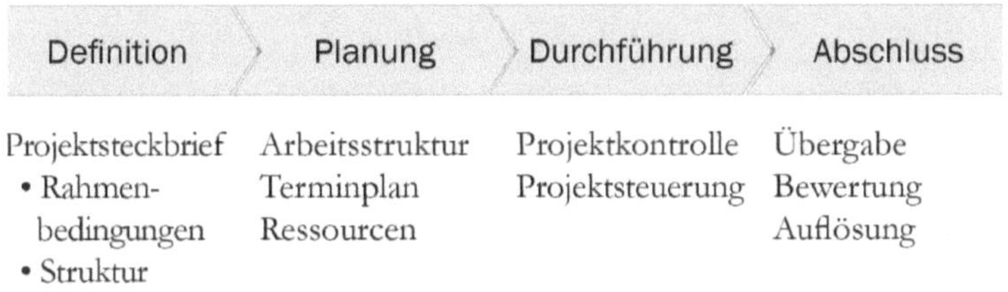

Definition	Planung	Durchführung	Abschluss
Projektsteckbrief • Rahmen- bedingungen • Struktur	Arbeitsstruktur Terminplan Ressourcen	Projektkontrolle Projektsteuerung	Übergabe Bewertung Auflösung

Abb. 18: Dynamische Ordnung für das Projekt: Schreiben einer Masterthesis

Neben den hier genannten Möglichkeiten, einen Arbeitsstrukturplan zu gestalten, gibt es noch viele weitere Varianten. Denkbar wären auch Strukturierungen nach Tätigkeiten, Personen oder Forschungsergebnissen. Sie werden feststellen, dass nicht jede Struktur zu jedem Projekt gleichermaßen gut passt und nicht jede Struktur mit Ihrer individuellen Denkweise vereinbar ist. Daher werden Sie für jedes neue Projekt eine neue Struktur auswählen und gestalten müssen.

4.2 Terminplanung

„Gegenüber der Fähigkeit, die Arbeit eines einzigen Tages sinnvoll zu ordnen, ist alles andere im Leben ein Kinderspiel."

Johann Wolfgang von Goethe

Mit Hilfe Ihres Arbeitsstrukturplans können Sie nun die einzelnen Teilbereiche und Arbeitspakete Ihres Projekts benennen. Sie haben Kenntnis über Art und Umfang der anfallenden Aufgaben. Es ist jedoch noch nicht bekannt, in welcher Reihenfolge die einzelnen Vorgänge durchzuführen sind und welche Abhängigkeiten bzw. zwingend notwendigen Voraussetzungen es gibt.

Im nächsten Schritt planen Sie daher den zeitlichen Ablauf Ihres Projekts und erstellen einen Terminplan. Dazu müssen Sie die logische und zeitliche Abfolge aller Projektaktivitäten ermitteln und vor allem die Abhängigkeiten der einzelnen Vorgänge herausarbeiten. Beginnen Sie damit die Dauer der einzelnen Arbeitspakete zu ermitteln, indem Sie für jeden Vorgang einen Anfang und ein Ende festlegen.

Praxistipp

Planen Sie dabei immer und ausreichend *Pufferzeiten* ein. Ein „Puffer" ist eine Zeitspanne, um welche entweder die zeitliche Lage oder auch die Dauer eines Arbeitspakets verändert werden kann, ohne dass sich dies auf die Gesamtprojektdauer und damit den Projektendtermin auswirkt.

Sie werden schnell feststellen: Manche Aufgaben müssen zwingend zeitlich nacheinander durchgeführt werden, da sie abhängig voneinander sind. Andere wiederum können auch parallel durchgeführt werden, da sie nicht in Abhängigkeit zueinanderstehen. Aus diesen Zusammenhängen ergibt sich der sogenannte kritische Pfad. Alle Aufgaben, die nicht nach hinten verschoben werden dürfen, ohne dass sich der Projektendtermin verändert, liegen auf dem kritischen Pfad.

Zur Erstellung eines Terminplans für Ihr Projekt können Sie alle Aufgaben in einer einfachen *Vorgangsliste* aufführen, ein *Balkendiagramm* erstellen oder die sogenannte *Netzplantechnik* anwenden. Alle drei Werkzeuge werden im Folgenden vorgestellt und näher erläutert.

4.2.1 Vorgangsliste

Die einfachste Darstellungsform eines Terminplans ist die Auflistung aller anfallenden Aufgaben in logisch zeitlicher Reihenfolge in einer sogenannten Vorgangsliste. Solch eine Liste sollte mindestens den Aufgabentitel, eine kurze prägnante Beschreibung der Tätigkeit, sowie Vorgänger- und Nachfolgeraufgaben enthalten. Die Benennung von Vorgängern und Nachfolgern ist wichtig für das Verständnis der Abhängigkeiten.

Die benötigte Dauer zur Erledigung der einzelnen Arbeitspakete können Sie schätzen und bereits in die Liste eintragen oder dies später während der Terminplanung ergänzen.

Nr.	Bezeich- nung	Tätigkeitsbeschreibung	Vor- gänger	Nach- folger	Dauer
1	Exposé	Verfassen eines Exposés		2, 3	3 Tage
2	Betreuung	Abstimmung Thema, Inhalt, Ziele und Umfang mit dem potenziellen Betreuer	1	9	1 Tag
3	Anmeldung	formale Anmeldung der Arbeit	1, 2	4	1 Tag
4	Literatur	Literaturbeschaffung (Unibibliothek, Fernleihe, Kauf)	1, 2, 3	5, 6	1 Woche
5	Literatur	Literatursichtung und Erstellung eines Verzeichnisses	4	6	2 Tage
6	Literatur	Einarbeitung ins Thema	5	6, 7	1 Woche
7	Gliederung	Grobstrukturierung und Planung der Vorgehensweise	6	8	1 Tag
8	Schreiben	Schreiben eines Probeabschnittes	7	9	3 Tage
9	Betreuung	Vorstellung und Abstimmung des Probeabschnitts mit dem Betreuer	2, 8		1 Tag
10	...	...			

Tab. 15: Vorgangsliste für das Projekt: Verfassen einer wissenschaftlichen Arbeit

4.2.2 Balkendiagramm

Eine weitere Möglichkeit, die Terminplanung eines Projekts zu gestalten ist die Anfertigung eines sogenannten Balkendiagramms. Dahinter verbirgt sich eine relativ einfache, aber sehr übersichtliche Art, den Ablauf und die Zusammenhänge eines Projekts darzustellen.

Über die Phase der Projektplanung hinaus bietet das Balkendiagramm die Möglichkeit, den kalkulierten Zeitbedarf und die gesetzten Termine während der Projektdurchführungsphase zu kontrollieren. Ein einmal angefertigtes Balkendiagramm kann daher über den gesamten Projektverlauf hin genutzt werden.

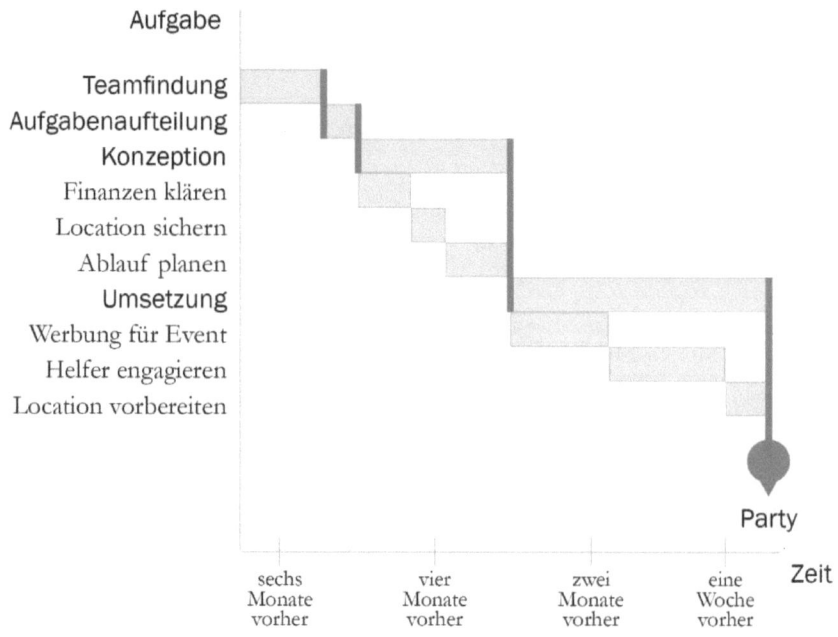

Abb. 19: Balkendiagramm für das Projekt: Organisation einer Welcome-Party für Erstsemester-Studierende

Wenn Sie dieses Planungswerkzeug für Ihr Projekt verwenden, legen Sie den Fokus auf die zeitlich logischen Abhängigkeiten. Bestimmte Aufgaben können erst begonnen werden, wenn andere Aufgaben bereits abgeschlossen sind. Manche Arbeitspakete können sogar erst starten, wenn eine ganze Reihe von Vorarbeiten geleistet und abgeschlossen ist.

In der Praxis des Projektmanagements wird häufig eine bestimmte Form des Balkendiagramms genutzt: Es handelt sich dabei um das sogenannte Gantt-Diagramm[17], welches die chronologische Abfolge von Aufgaben entlang einer Zeitachse darstellt.

---

[17] Benannt nach seinem Erfinder Henry L. Gantt (1861–1919).

Vorteil der Terminplanung mittels eines Balkendiagramms (Gantt) ist die Visualisierung der zeitlichen Überlappung verschiedener Arbeitspakete. Nur so wird deutlich, zu welchen Zeitpunkten im Projekt mehr als eine – und womöglich zu viele – Aufgaben parallel bewerkstelligt werden müssen.

Nachteil dahingegen ist, dass die lineare Form der Darstellung es Ihnen nicht oder nur schwer ermöglicht, den Gesamtprozess des Projekts in seiner ganzen Komplexität darzustellen. Die Abhängigkeiten und Wechselwirkungen, die sich im Gesamtkontext ergeben, rücken in den Hintergrund.

Balkendiagramme eignen sich daher eher für kleinere Projekte mit einer geringen bis mittleren Anzahl an Arbeitspaketen (was aber für eine Vielzahl Ihrer Studienprojekte zutreffen wird), bei denen eine einfache, aber übersichtliche Visualisierung der Projektdauer und des zeitlichen Verlaufs im Vordergrund steht.

Praxistipp

Setzen Sie ausreichend *Meilensteine*. Meilensteine sind ein wichtiges und zentrales Element Ihrer gesamten Projektplanung.

Jeder Meilenstein stellt ein *Ereignis besonderer Bedeutung* im Projekt dar. Meilensteine an sich haben keine eigene Dauer und sind auch keine eigenständige Aufgabe. Das Erreichen eines Meilensteins gleicht immer der Fertigstellung von etwas. Meilensteine können also als die Endpunkte eines Arbeitspakets betrachtet werden.

Dadurch ermöglichen Sie es, den Projektfortschritt zu überwachen und die Qualität des Projekts zu sichern. Ein Meilenstein ist erreicht, sobald das vorgelagerte Arbeitspaket fertig gestellt wurde und kontrolliert werden kann. Je nachdem, ob Sie Ihre Meilensteine in time[18] erreichen, verschieben müssen oder gänzlich verpassen, wird sich die Qualität Ihres Studienprojekts darstellen.

4.2.3 Netzplan

Im Projektmanagement wird unter einem Netzplan eine schematische Darstellung der Abhängigkeiten zwischen einzelnen Aktivitäten des Arbeitsstrukturplans verstanden. Man spricht von der Netzplantechnik[19], weil es sich um die Kombination verschiedener Methoden handelt. Die Arbeits-

[18] Aus dem Englischen: rechtzeitig, innerhalb der gesetzten Frist.
[19] Vgl. ISO-Norm DIN 69900:2009.1: Projektmanagement, Netzplantechnik.

pakete (auch Vorgänge genannt) werden in Form von Vorgangsknoten abgebildet. Jeder Vorgangsknoten beinhaltet dieselben Informationen.

Mit Hilfe einer Vorgangsliste (siehe Abschnitt 4.2.1) wird es Ihnen nicht schwerfallen, die einzelnen Vorgangsknoten zu befüllen. Zur Darstellung der zeitlichen Abhängigkeiten einzelner Vorgangsknoten voneinander werden diese durch Pfeile miteinander verbunden. Sie werden feststellen, dass einige Arbeitspakete parallel bearbeitet werden können, andere wiederum erst begonnen werden können, wenn ihre Vorgänger bereits abgeschlossen sind. In diesem Fall ist die Fertigstellung eines Arbeitspakets Voraussetzung für den Beginn des nachfolgenden Arbeitspakets.

Vorgangs-Nummer	Verantwortung	Dauer
Beschreibung des Vorgangs		
Frühester Anfangs-zeitpunkt (FAZ)	Gesamte Pufferzeit	Frühester Endzeit-punkt (FEZ)
Spätester Anfangs-zeitpunkt (SAZ)	Freie Pufferzeit	Spätester Endzeit-punkt (FEZ)

Abb. 20: Schematische Darstellung eines Vorgangsknoten

Im in Abb. 21 dargestellten Beispiel verlaufen die Online- und die Bibliotheksrecherche parallel. Beide müssen jedoch zunächst abgeschlossen sein, um mit dem Arbeitspaket „Auswahl der Themen" starten zu können. Arbeitspaket 7 kann trotz unterschiedlicher Verantwortung nicht parallel laufen, da es Nachfolger von 04, 05 und 06 ist und diese zunächst abgeschlossen werden müssen.

Die Vorteile der Netzplantechnik liegen auf der Hand: Das strukturierte Erarbeiten eines Netzplans nötigt Sie und alle am Projekt Beteiligten, den gesamten Projektverlauf einmal logisch zu durchdenken. Auch komplizierte Abhängigkeiten der einzelnen Arbeitspakete können so übersichtlich dargestellt werden. Zeitkritische Vorgänge und eventuell drohende Terminverschiebungen lassen sich bereits frühzeitig erkennen und Dominoeffekte[20] können effektiver verhindert werden.

---

[20] Bedeutung: Kettenreaktion, Abfolge meist ähnlicher Ereignisse.

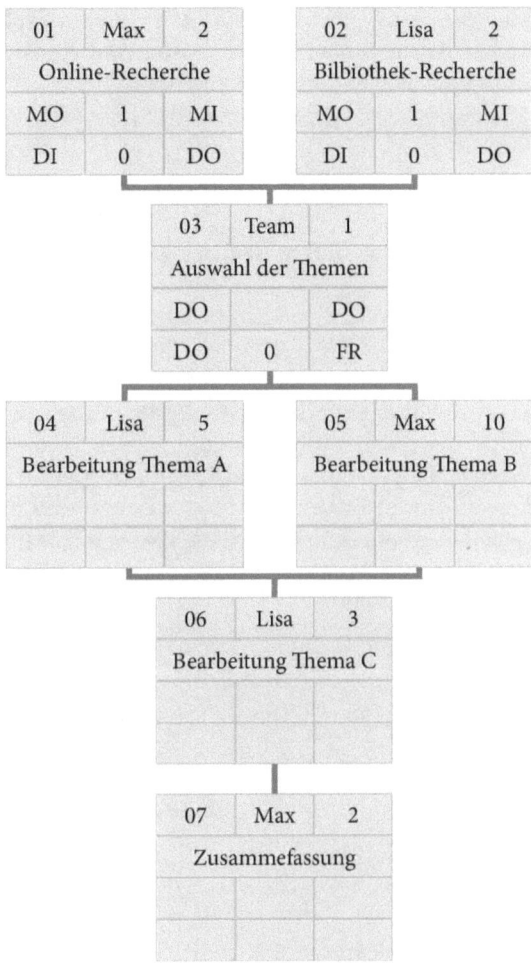

Abb. 21: Ausschnitt Netzplan für das Projekt: Referat

Praxistipp

Jeder Projektplan lebt. Zunächst wird es sich bei Ihrem Plan um einen groben Rahmen handeln, der schrittweise weiterentwickelt und immer weiter verfeinert, aber noch häufig umstrukturiert wird.

Irgendwann werden Sie einen abgestimmten, vermeintlich finalen Projektplan in den Händen halten. Mit diesem Plan können Sie Ihr Projekt starten.

> Aber bedenken Sie: Auch nach Abschluss der Planungsphase sollten Sie Ihren Projektplan regelmäßig überprüfen und gegebenenfalls an die veränderten Rahmenbedingungen anpassen.

4.3   Ressourceneinsatz

„Es ist nicht wenig Zeit, die wir haben, sondern viel Zeit, die wir nicht nutzen."

Sokrates

Nachdem Sie die Arbeitsstruktur für Ihr Projekt entwickelt haben und darauf basierend einen Terminplan erstellen konnten, müssen Sie abschließend die für Ihr Projekt notwendigen Einsatzmittel planen. Unter Einsatzmitteln (Ressourcen) werden alle Personalien und Sachmittel, die zur Durchführung der Arbeitspakete in Ihrem Projekt benötigt werden, verstanden. Einsatzmittel können wiederholt oder nur einmal nutzbar sein. Sie können in Wert- oder Mengeneinheiten beschrieben und für einen spezifischen Zeitpunkt oder Zeitraum genutzt werden.[21]

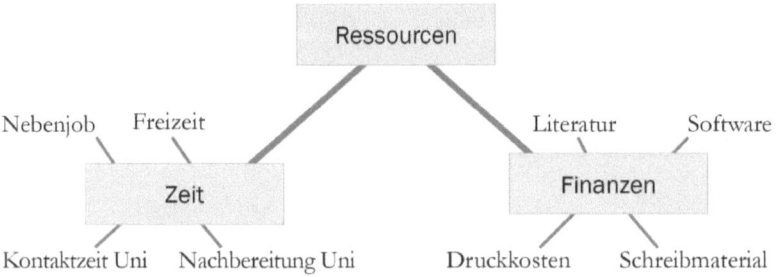

Abb. 22: Ressourcen im Studienprojekt

Im Rahmen der Ressourcenplanung müssen Sie den für die Erreichung Ihres Projektziels notwendigen Bedarf ermitteln, mit den verfügbaren Kapazitäten abstimmen und eventuelle Engpässe feststellen. Zeichnet sich bei Ihrer Planung eine Über- oder Unterdeckung ab, so sollten Sie diese möglichst frühzeitig versuchen auszugleichen. Unter Umständen müssen Sie dazu sogar Ihren Terminplan noch einmal überarbeiten.

Von besonderer Relevanz für ein Studienprojekt sind die *zeitlichen Ressourcen*. Darunter zu verstehen ist sowohl Ihre eigene Kapazität als auch

---

[21] Vgl. ISO-Norm DIN 69901:2009.1: Projektmanagementsysteme.

die Ihrer Projektteammitglieder und die Ihrer Stakeholder. Auf der anderen Seite stehen die *finanziellen Ressourcen*, welche Sie zur Umsetzung Ihres Projekts dringend benötigen. Beide Bereiche werden im Folgenden näher erläutert.

4.3.1 Zeitliche Ressourcen

Die Ressource Zeit ist so wichtig für ihren Projekterfolg, dass sie neben dem Ziel und den anderen Ressourcen eine eigene strategische Größe im Projektdreieck darstellt. Das bedeutet, wenn Sie etwas an der Determinante (verfügbare) Zeit verändern, wird dies direkten Einfluss auf die Erreichung Ihres Projektziels und die anderen benötigten Ressourcen haben.

> **Beispiel aus dem Studienalltag**
>
> Wenn Sie für das Verfassen einer Hausarbeit die ursprünglich geplante Zeit von drei Monaten auf einen Monat reduzieren (weil Sie z.B. kurzfristig die Möglichkeit für einen Auslandsaufenthalt bekommen), werden Sie das gesteckte Ziel nicht oder nur mit erheblichen qualitativen Einbußen erreichen.
>
> Eine Möglichkeit wäre es, die Hausarbeit nicht mehr allein, sondern im Team zu schreiben und so zusätzliche zeitliche Ressourcen zu schaffen.

Um die Ressource Zeit für ihr Projekt richtig einschätzen und planen zu können, müssen Sie vier Aspekte unbedingt beachten:

- *Realistisch:* Voraussetzung für eine realistische Projektplanung ist das Rechnen mit tatsächlichen Verfügbarkeiten. Ziehen Sie von Ihrer zur Verfügung stehenden Zeit (Kapazität) ausreichend Zeit für andere Aufgaben im Studium ab. Beachten Sie außerdem die zeitlichen Einschränkungen, die sich durch Wochenenden, Feiertage, Urlaub, Schließzeiten etc. ergeben. Und natürlich sollten Sie neben Ihrem Projekt auch noch Raum für Privates übrighaben.

- *Vollständig:* Wenn auch andere Personen an Ihrem Projekt beteiligt sind, sei es direkt als Projektmitglied oder indirekt z.B. als Inputgeber, müssen Sie auch deren Kapazitäten betrachten und planen. Einen vollständigen Überblick über Ihre Kapazitätsanforderungen bekommen Sie erst dann, wenn Sie alle Beteiligten mit einbezogen haben.

- *Verdichtet:* Um zu verstehen, welchen zeitlichen Rahmen Sie insgesamt für Ihr Projekt ansetzen müssen, ist es wichtig, einzelne Zeitfenster zu verdichten. Das heißt, dass Sie die benötigte Zeit für jede einzelne anstehende Aufgabe auf die jeweils nächsthöhere Ebene (z.B. Arbeitspaket oder Teilprojekt) hochaggregieren müssen. Erst so erfahren Sie, wie viel Zeit Sie in Summe für das Projekt tatsächlich benötigen.

■ *Priorisiert:* Für Ihre Projektplanung ist es wichtig zu wissen, welche Aufgaben mit zeitlichem Vorrang behandelt werde müssen. Diese Aufgaben haben oberste Priorität. Auf der anderen Seite haben Sie bei Aufgaben mit niedrigerer Priorität die Flexibilität, diese auch mal etwas zu verschieben oder den zeitlichen Rahmen je nach Bedarf anzupassen. Bedenken Sie: Nur wenn Sie Prioritäten gesetzt haben, können Sie wissen, welche Aufgaben Vorrang haben und „in time" erledigt werden müssen und welche nicht.

Für Ihren zeitlichen Ressourcenplan bietet es sich an, die Instrumente aus Arbeitsstruktur- und Terminplanung zu verwenden und deren Ergebnisse miteinander zu kombinieren. Beginnen Sie mit einer einfachen Vorgangsliste und verdichten Sie die Informationen in einem Balkendiagramm oder einem Netzplan.

4.3.2 Finanzielle Ressourcen

Die zweite wichtige Komponente Ihrer Ressourcenplanung sind die Sachmittel, die Sie zur Durchführung der Arbeitspakete in Ihrem Projekt benötigen. Da Sachmittel jeglicher Art in der Regel Geld kosten, spricht man auch von den finanziellen Ressourcen. Zur Planung dieser haben Sie zwei Möglichkeiten: Sie können entweder das zur Verfügung stehende Budget ermitteln und dieses dann auf die benötigten Kostenblöcke aufteilen (Budgetplanung), oder Sie ermitteln zunächst alle anfallenden Kosten (Kostenplanung) und überlegen sich dann, woher Sie das benötigte Budget zur Deckung der Gesamtkosten erhalten.

Kostenplanung

Wenn Sie Ihre finanziellen Ressourcen unter dem Kostenaspekt planen wollen, fertigen Sie zunächst eine möglichst vollständige Liste aller benötigten Arbeitsmittel an. Versuchen Sie, Ihr Projekt (zum Beispiel mit Hilfe des Arbeitsstrukturplans) einmal von Anfang bis Ende durchzudenken und notieren Sie alle Kosten, die – wenn auch nur eventuell – im Projetverlauf anfallen könnten (siehe Tabelle 16).

Nr.	Benötigtes Arbeitsmittel	Kosten	
		min.	max.
1	Fachliteratur	20,00 €	200,00 €
2	Büromaterial	5,00 €	30,00 €
3	Software	29,00 €	29,00 €
4	Software-Schulung	49,00 €	49,00 €
5	Zugang zu spezieller Rechercheplattform	10,00 €	10,00 €
6	Druck und Bindung	30,00 €	100,00 €
7	Digitalisierung	10,00 €	30,00 €
8	...		
9	...		
SUMME		153,00 €	448,00 €

Tab. 16: Kostenplan für das Projekt: Bachelorarbeit mit Empirie

Wahrscheinlich wird es Ihnen zunächst schwerfallen, die exakte Höhe der anfallenden Kosten abzuschätzen. Keine Sorge: Dies bedarf etwas Erfahrung und Fingerspitzengefühl, wird Ihnen mit der Zeit und mit einiger Projekterfahrung aber immer leichter von der Hand gehen.

Eine gute Möglichkeit, zumindest einen Kostenrahmen abzustecken, ist es mit Mindest- und Maximalkosten zu kalkulieren. Bei einigen Posten (z.B. Fachliteratur und Büromaterial) werden die Werte sehr stark variieren, je nachdem ob Sie viel oder wenig und mit welcher Qualität Sie etwas anschaffen werden. Andere Posten (z.B. eine ganz bestimmte Software und die dazugehörige Schulung, um die Software zu bedienen) wird – gleichgültig ob minimal oder maximal, exakt dasselbe kosten. Die Summe der Minimalkosten sagt Ihnen, was Ihr Projekt mindestens kosten wird, also wie viel Sie auf jeden Fall einplanen müssen. Die Summe der Maximalkosten sagt Ihnen, was Ihr Projekt allerhöchstens kosten wird.

Budgetplanung

Wenn Sie Ihre finanziellen Ressourcen unter dem Budgetaspekt planen wollen, ermitteln Sie im ersten Schritt, welches Budget, also wie viel Geld Ihnen zur Verfügung steht.

Nr.	Benötigtes Arbeitsmittel	BUDGET	250,00 €
		verfügbares Budget	
1	Fachliteratur	Prio C	30,00 €
2	Büromaterial	Prio C	10,00 €
3	Software	Prio A	29,00 €
4	Software-Schulung	Prio A	49,00 €
5	Zugang zu spezieller Rechercheplattform	Prio A	10,00 €
6	Druck und Bindung	Prio A	100,00 €
7	Digitalisierung	Prio B	20,00 €
8	...		
9	...		
SUMME			248,00 €

Tab. 17: Budgetplan für das Projekt: Bachelorarbeit mit Empirie

Das Gesamtbudget für Ihr Projekt wird sich meist aus mehreren Quellen zusammensetzen. Oftmals gibt es Budget für Ihr Projekt aus Quellen, die Sie zunächst noch gar nicht bedacht haben bzw. die Ihnen bisher gänzlich unbekannt waren. Informieren Sie sich unbedingt über mögliche Budgetquellen, bevor Sie Ihr Projekt starten. Oftmals gibt es gerade an Universitäten eine Vielzahl an Fördermöglichkeiten.

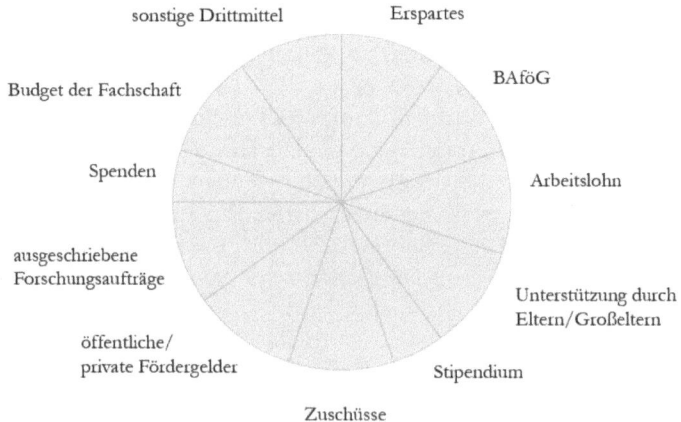

Abb. 23: Budgetquellen für ein Studienprojekt

Wenn Sie das verfügbare Budget ermittelt haben, teilen Sie dieses im nächsten Schritt auf die benötigten Arbeitsmittel auf. Beginnen Sie mit den fixen Posten, deren Kosten Sie nicht beeinflussen können (z.b. Software, Software-Schulung).

Auch bei dieser Herangehensweise ist es unerlässlich, eine möglichst vollständige Liste aller Posten anzulegen. Im Gegensatz zur Kostenplanung müssen Sie allerdings nicht alle Kosten möglichst exakt schätzen, sondern Sie verteilen das verfügbare restliche Budget auf die variablen Posten (z.b. Fachliteratur). So bekommen Sie ein Gefühl dafür, für was Sie wie viel Geld ausgeben dürfen.

Praxistipp

Gleichgültig, ob Arbeitsstrukturplan, Terminplan oder Ressourcenplan: Skizzieren Sie *Ihre Planung immer zuerst auf dem Papier.* So haben Sie die Möglichkeit, mehrere Varianten auszuprobieren und wieder zu verwerfen, bevor Sie einen ersten finalen Entwurf haben, den Sie weiterverfolgen möchten.

Auch wenn es verlockend und einfach erscheint: Beginnen Sie nicht mit einer speziellen Projektplanungssoftware. Sie werden sich, gerade am Anfang, so intensiv mit der Software beschäftigen müssen, dass Sie zu wenig Zeit, Energie und vor allem Kreativität für den eigentlichen Inhalt – und darum geht es ja aber – aufbringen können.

Die Nutzung technischer Hilfsmittel wie Excel, PowerPoint, MS Project oder diverser andere Projektplanungstools ist aber natürlich nichts prinzipiell Schlechtes. Sie kann – zum richtigen Zeitpunkt eingesetzt – äußerst nützlich sein und viele Vorteile gegenüber einer reinen Papierdokumentation haben. Eine Sammlung von kostenloser Software zur Projektplanung finden Sie unter http:// www.projektmanagement-freeware.de.

Projekte werden durch Digitalisierung für alle am Vorhaben Beteiligten überschaubarer. Abhängigkeiten zwischen Arbeitspaketen sind präsenter und erleichtern so die Erfüllung der jeweiligen Aufgaben für alle Projektteammitglieder. Gleichzeitig bieten Ihnen digitale Projektpläne die Möglichkeit, mit mehreren Personen parallel daran zu arbeiten (hilfreich z.b. für Ihre Statusberichte und Statusmeetings), auch wenn sie sich gerade nicht vor Ort treffen können.

Checkliste für die Projektplanung

☐ Haben Sie einen Arbeitsstrukturplan mit einer für Ihr Projekt sinnvollen Ordnungsstruktur erstellt?

☐ Weist Ihr Arbeitsstrukturplan einen sinnvollen Detailgrad (inkl. Teilprojekten, Arbeitspaketen und Arbeitsschritten) auf, mit dem Sie Ihr Projekt Schritt für Schritt durchführen können?

☐ Haben Sie einen Terminplan (mittels einer Vorgangsliste, einem Balkendiagramm oder einem Netzplan) erstellt?

☐ Enthält Ihr Terminplan genügend Pufferzeiten?

☐ Enthält Ihr Terminplan die definierten Meilensteine?

☐ Haben Sie die für Ihr Projekt notwendigen Einsatzmittel im Rahmen eines Ressourcenplans ermittelt?

☐ Kennen Sie Ihre (persönlichen) zeitlichen Ressourcen für das Projekt?

☐ Kennen Sie die zeitlichen Ressourcen (die Verfügbarkeit) der übrigen Projektmitglieder (falls es ein Projektteam gibt)?

☐ Kennen Sie die zeitlichen Ressourcen (die Verfügbarkeit) Ihrer Stakeholder?

☐ Haben Sie die für das Projekt vorgegebenen Deadlines überprüft und korrekt in Ihren Terminplan übernommen?

☐ Haben Sie zeitliche Einschränkungen (z.B. Urlaub, Praktika, Vorlesungen und Klausuren) im Rahmen Ihres Terminplans berücksichtigt?

☐ Kennen Sie die finanziellen Ressourcen, die Sie für Ihr Projekt benötigen werden (Kosten)?

☐ Haben Sie Ihr für das Projekt zur Verfügung stehendes Budget kalkuliert?

☐ Passen das zur Verfügung stehende Budget und Ihre geplanten anfallenden Kosten zusammen?

☐ Wenn nein, haben Sie sich über mögliche Förder- und Unterstützungsmaßnahmen informiert und diese, wenn möglich, bereits beantragt?

☐ Haben Sie Ihren Projektplan (inklusive Arbeitsstruktur, Terminplan und Ressourcenplanung) mit dem Projektteam abgestimmt?

☐ Kennt jedes Projektmitglied seine Aufgaben und seinen Verantwortungsbereich (z.B. einzelne Teilprojekte)?

☐ Haben Sie Ihren Projektplan (inklusive Arbeitsstruktur, Terminplan und Ressourcenplanung) mit Ihren Stakeholdern abgestimmt?

☐ Haben Sie Ihren Projektplan digitalisiert, sodass er allen Projektbeteiligten online zur Verfügung steht?

☐ Gibt es eine Möglichkeit, dass alle Projektmitglieder den Projektplan einsehen und bearbeiten können, sodass Sie (und das Team) immer auf dem aktuellen Stand sind?

☐ Haben Sie ein Kickoff-Meeting veranstaltet, um Ihren Projektstart zu verkünden und gemeinsam mit dem Projektteam gebührend zu feiern?

5   Das Projekt durchführen

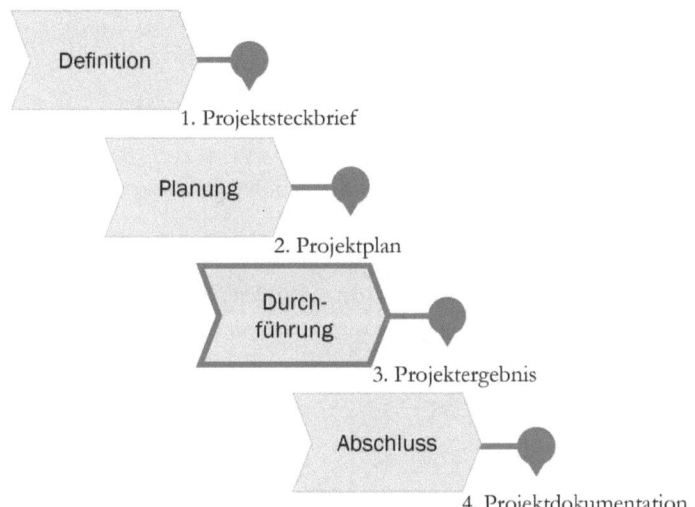

Ihr Projektplan beschreibt detailliert, unter Berücksichtigung der benötigten zeitlichen und finanziellen Ressourcen, den Weg, den Sie einschlagen und konsequent verfolgen müssen, um Ihre definierten Projektziele zu erreichen. Beginnen Sie nun diesen Weg konsequent und Schritt für Schritt zu verfolgen. Die Phase der Projektdurchführung können Sie synonym daher auch Projektabwicklungs- oder Realisierungsphase nennen. Nach erfolgreicher Projektdefinition und -planung ist es jetzt an der Zeit, konkret zu werden und zu handeln. Setzen Sie um, was Sie sich vorgenommen und geplant haben.

Abgesehen von der eigentlichen Durchführung sind die Kontrolle des Projektfortschritts sowie die Steuerung des weiteren Verlaufs essenziell für Ihren Projekterfolg. Erkenntnisse über gegenwärtige und zukünftig eintretende Abweichungen können zu kleinen Korrekturmaßnahmen, im Worst Case[22] aber auch zu großen Änderungen in Ihrer Termin- und Ressourcenplanung führen. Behalten Sie Ihren Projektplan daher stets im Auge und kontrollieren Sie regelmäßig den Satus Ihres Projekts. Nur so können Sie angemessen und zeitnah auf projektstörende Ereignisse reagieren und diese abwenden.

Im folgenden Abschnitt werden grundlegende Tools und Methoden vorgestellt, mit deren Hilfe Sie Ihr Projekt kontrollieren und steuern können, um in der Durchführungsphase gut organisiert zu sein.

5.1 Projektkontrolle

„Nicht jeder, der am selben Strang zieht, zieht in die gleiche Richtung."

Oliver Tietze

Werfen Sie noch einmal einen Blick zurück in Ihre initiale Projektdefinition. Im Rahmen dieser haben Sie sich zum Ende hin bereits mit den Grundzügen der Thematik Projektkontrolle auseinandergesetzt. Sie haben festgehalten, welche Reportinginstanzen, welche Abstimmungstermine und welche Dokumentationsformen Sie für Ihr Projekt benötigen werden, um das Erreichen Ihrer Zwischenziele (die sogenannten Meilensteine) konsequent nachverfolgen zu können.

Greifen Sie nun darauf zurück und setzen Sie die vereinbarten Kontrollmechanismen um bzw. wenden Sie diese regelmäßig an. Konkret bedeutet das, regelmäßig, korrekt und zeitnah die Ist-Stände des Projekts zu erfassen. Den

---

[22] Aus dem Englischen: Schlimmster anzunehmender Fall.

Ist-Stand zu kennen ist nicht nur wesentlich für die Kontrolle Ihres Projekts, sondern auch Grundvoraussetzung für die Steuerung.

Projektkontrolle umfasst, über die Erfassung des Ist-Standes hinaus, noch weitere Schritte, die Sie als einen immer wieder kehrenden Kreislauf verstehen können:

- Erfassung des Ist-Standes (= aktueller Status)
- Gegenüberstellung mit den Soll-Daten (= Ihr Projektplan)
- Abgleich Ist und Soll zur Ermittlung von Abweichungen
- Ermittlung der Ursachen, die zu den Abweichungen führen
- Planung und Abstimmung von Gegenmaßnahmen
- Einleitung der Gegenmaßnahmen
- und wieder: Erfassung des Ist-Standes.

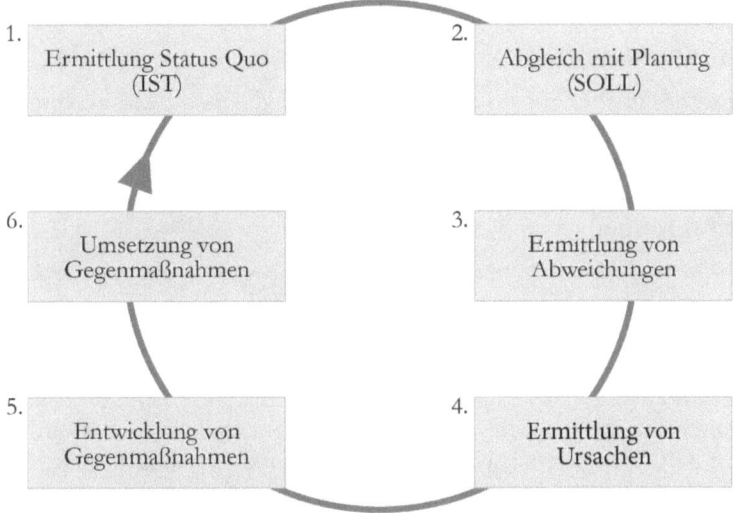

Abb. 24: Kreislauf der Projektkontrolle

Die zu kontrollierenden Ist-Stände beziehen sich auf drei wesentliche Komponenten: Zeit, Ressourcen und Ziel. Sie überprüfen also Ihren Terminplan, Ihr Budget und Ihre Kosten, und das immer im Hinblick auf Ihr gestecktes Ziel (Soll-Zustand). Je nachdem, wie groß oder gering die Abweichungen zwischen der geplanten Zeit, den zur Verfügung stehenden Ressourcen und dem tatsächlichen Stand sind, wird sich Ihr Zielerreichungsgrad (im Sinne der Qualität der Leistung) erfüllen.

Wie umfangreich und detailliert die Kontrolle eines Studienprojekts zu erfolgen hat, hängt stark davon ab, um was für ein Projekt es sich handelt. Je nach Umfang, Dauer und vor allem der Anzahl der Projektmitglieder werden Sie entweder nur für sich selbst eine regelmäßige Kontrolle durchführen oder eine für das gesamte Projektteam, und eine über die gesamte Projektdauer verbindliche Vorgehensweise festlegen müssen.

Die im Folgenden beschriebenen Tools *Statusbericht*, **Statusmeeting** und *Risikoliste* sind vor allem immer dann nützlich, wenn Ihr Projekt aus einem Team besteht, sodass Sie nicht nur Ihren eigenen Ist-Stand, sondern auch den der Projektmitglieder benötigen, um eine Erkenntnis über den aktuellen Gesamtstatus des Projekts zu bekommen. Nur Ihre eigene Sicht und Einschätzung genügen in diesem Fall nicht, um Zeit, Ressourceneinsatz und Zielerreichungsgrad bestimmen zu können. Sie sind auf die Abstimmung mit und die (verbindlichen und korrekten) Angaben der Anderen angewiesen.

5.1.1 Statusbericht

Ein guter Statusbericht fasst auf einen Blick (das heißt auf maximal einer Seite) zusammen, was in der unmittelbaren Vergangenheit geleistet wurde und an was aktuell gearbeitet wird. Gleichzeitig bietet der Bericht Raum für eine Einschätzung der derzeitigen Projektsituation und für Themen, die im Team besprochen werden müssen.

Ein Statusbericht ist immer dann notwendig, wenn mehrere Personen an unterschiedlichen Aufgaben (in Form von Teilprojekten oder Arbeitspaketen) arbeiten und daher nicht wissen, was in den anderen Bereichen gerade passiert, diese Informationen aber für die eigene Arbeit benötigen. Gleichzeitig hilft ein Statusbericht auch, den aktuellen Stand des Projekts kurz und knapp zusammenzufassen, um über das Projekt berichten zu können. Von Zeit zu Zeit werden z.B. Ihre Stakeholder sich für das Fortschreiten des Projekts interessieren und für eine gebündelte Information mittels eines Statusberichts dankbar sein.

Jeder Statusbericht muss die grundlegenden Informationen über das Projekt enthalten. Diese sind:

- *Name des Projekts* / Projektinhalt / Projektziel
- *Teilprojekt* / Arbeitspaket / Aufgabe (Worum geht es?)
- *Verantwortung* (Wer ist für den Bereich verantwortlich?)
- *Datum* / Kalenderwoche (Von wann ist der Bericht?)

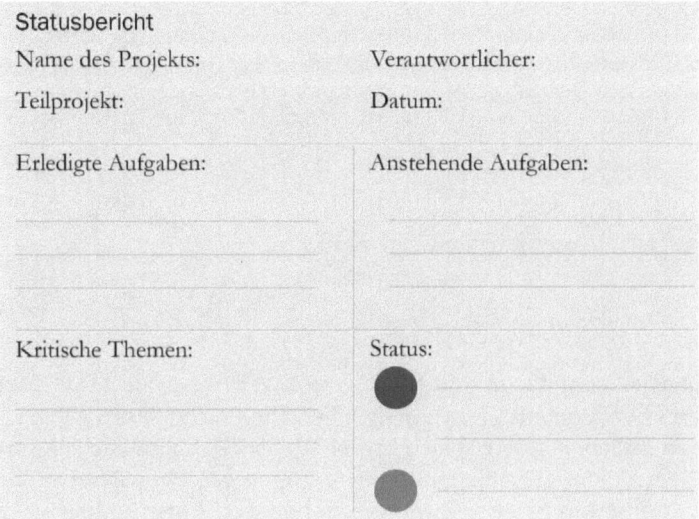

Abb. 25: Einseitiger Statusbericht

Im oberen Bereich des Statusberichts werden die Aktivitäten zusammengefasst. Eine Unterteilung in zwei Abschnitte (mit Vergangenheits- und Zu-
kunftsbezug) bietet sich an:

- *Erledigte Aufgaben:* Was wurde seit dem letzten Statusbericht alles geschafft? Welche Arbeiten sind abgeschlossen?
- *Anstehende Aufgaben:* Woran wird aktuell gearbeitet? Was ist als
  nächstes geplant?

Im unteren Bereich wird der eigentliche Status dargestellt. Auch hier bietet
sich eine Zweiteilung an. Zum einen sollte genügend Platz für offene Themen, Risiken (die den Projekterfolg gefährden können), anstehende Entscheidungen, Fragen und Diskussionspunkte gegeben sein. Zum anderen ist
eine sogenannte Projektampel (Rot-Gelb-Grün) in jedem Statusbericht äußerst hilfreich. Diese visualisiert als eine Art Zusammenfassung alle aufge-
führten Punkte und stellt damit den aktuellen Status auf einen Blick dar.

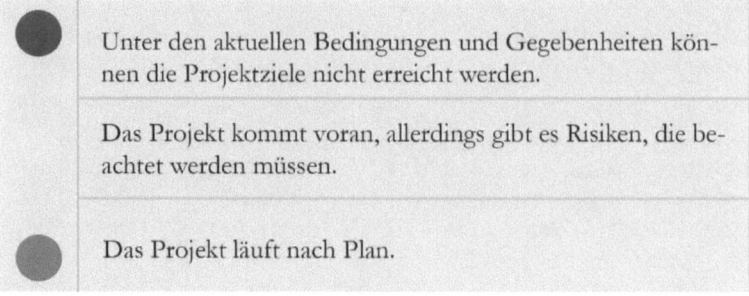

Abb. 26: Projektstatus mittels Ampellogik

Scheuen Sie nicht davor, rote Ampeln zu setzen, wenn Sie das Gefühl haben, dass dies notwendig ist. Rote Ampeln bedeuten nicht, dass Sie den Überblick verloren haben, sondern dass Sie den Status Ihres Projekts sehr wohl und vor allem richtig einschätzen können. Ein so gesetztes Zeichen verschafft Ihnen Aufmerksamkeit und trägt dazu bei, dass Entscheidungen schneller getroffen werden.

> **Praxistipp**
>
> Weniger ist mehr! Fassen Sie die Informationen, die Sie in Ihrem Statusbericht unterbringen wollen, kurz und knapp zusammen (Stichpunkte genügen zumeist) und beschränken Sie es auf das Wesentliche.
>
> Wenn alle Informationen (bei angemessener Schriftgröße) auf eine Seite passen, ist es genau die richtige Menge und der richtige Informationsgrad.

5.1.2 Statusmeeting mit dem Projektteam

Das Statusmeeting im Team dient dazu, den aktuellen Status des Projekts zu besprechen. Dafür kann die Nutzung eines (durch jeden Einzelnen) im Vorfeld angefertigten Statusberichts nützlich sein. Je nach Umfang des Projekts und vor allem je nach Größe des Projektteams kann es aber auch genügen, eine gemeinsame (immer wiederkehrende) Agenda festzulegen, welche im Statusmeeting Punkt für Punkt durchgesprochen und von jedem Projektmitglied ergänzt wird.

Thema jedes Statusmeetings sollten der eigentliche Projektinhalt und die gerade anstehenden Aufgaben sein. Darüber hinaus ist das Statusmeeting aber vor allem dazu da, um das Projekt in die richtige Richtung zu lenken,

Entscheidungen zu treffen, die ein Projektmitglied allein nicht treffen kann sowie um Prioritäten zu setzen. Ein gutes Statusmeeting hält ein Projekt nicht auf, sondern treibt es voran.

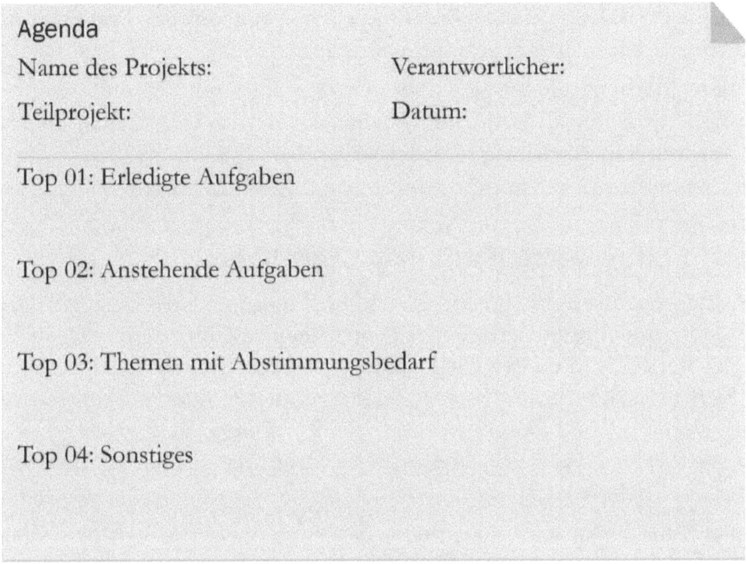

Agenda

Name des Projekts: Verantwortlicher:

Teilprojekt: Datum:

Top 01: Erledigte Aufgaben

Top 02: Anstehende Aufgaben

Top 03: Themen mit Abstimmungsbedarf

Top 04: Sonstiges

Abb. 27: Agenda für ein Statusmeeting im Projektteam

Falls es nicht möglich ist, sich für ein Statusmeeting mit dem Team vor Ort zu treffen, nutzen Sie eine Internet-Kommunikationsplattform wie **Skype**, **Microsoft Teams, Moodle** oder **Zoom,** um sich mit dem Projektteam per Konferenzschaltung im Internet auszutauschen und über das weitere Vorgehen abzustimmen.

Mit Hilfe eines sogenannten *TeamViewer* können mehrere Personen auf einen Rechner zugreifen. Das ist besonders dann praktisch, wenn Sie gemeinsam Unterlagen (z.B. Ihren Statusbericht) anschauen und bearbeiten wollen, aber keine Gelegenheit haben, sich persönlich in der Universität oder an einem anderen Ort zu treffen.

Praxistipp

Wenn Sie die Nutzung von Skype und TeamViewer miteinander koppeln, können Sie gleichzeitig (live) diskutieren und arbeiten.

Diese Methode eignet sich schon immer besonders für die Endphase der Projektdurchführung, wenn Sie nicht nur den Projektstatus besprechen wollen, sondern auch gemeinsam an Ihren Projektergebnissen arbeiten müssen. So können letzte Abstimmungen und der Feinschliff Ihrer Präsentation auch kurz vor Abgabe- oder Präsentationstermin noch im Team erledigt werden.

Diese Methode eignet sich aber auch gerade und vor allem während einer Pandemiesituation, in welcher Treffen vor Ort nicht möglich oder nur sehr schwierig realisierbar sind.

5.1.3 Statusmeeting mit dem Stakeholder

Das Statusmeeting mit Ihrem Stakeholder unterscheidet sich grundlegend vom Statusmeeting innerhalb des Projektteams. Zum einen werden Sie selten mit dem gesamten Projektteam dem oder den Stakeholdern Aufwartung machen (dies übernimmt meist der Projektleiter oder der Projektverantwortliche), und zum anderen werden die Termine in weit größeren Abständen stattfinden, das heißt eine größere Streuung über den gesamten Projektverlauf haben.

Beides führt dazu, dass die Inhalte des Statusmeetings mit dem oder den Stakeholdern andere sein werden. Ihr Stakeholder brennt darauf zu erfahren, welche Ergebnisse bereits erzielt worden sind, wollen aber nicht wissen, welche Aufgaben im Detail dafür erledigt werden mussten. Genauso wird Ihr Stakeholder wissen wollen, woran Sie gerade arbeiten und was als nächstes geplant ist. Aber auch hier für genügt eine grobe Übersichtung und ein Aufzeigen der Richtung, in welche sich das Projekt gerade entwickelt. Eine detaillierte Darstellung und Erklärung jedes einzelnen Arbeitsschritts ist dagegen nicht von Belang für Ihren Stakeholder.

Nutzen Sie das Statusmeeting mit dem oder den Stakeholdern stattdessen dafür, Entscheidungen zu treffen bzw. Entscheidungen einzuholen, die Sie nicht allein treffen können, die aber für den Projektfortschritt essenziell sind. Stellen Sie daher besonders die kritischen Themen dar, also alle Punkte, die noch offen sind, bei denen Sie allein nicht weiterkommen und für die Sie Unterstützung benötigen. Dazu gehören auch die Risiken, die Sie sehen und die Ihrer Meinung nach den Projekterfolg gefährden können.

Bereiten Sie dazu Entscheidungsalternativen (z.B. Variante A versus Variante B) vor und belegen Sie diese jeweils mit Vor- und Nachteilen. Ihre Stakeholder werden Ihnen dankbar sein, zwischen gut ausgearbeiteten und fundierten Alternativen wählen zu können. Für Sie hat dies den Vorteil, dass

Sie die Entscheidung direkt aus dem Termin mitnehmen können und nicht im Nachgang lange auf eine Antwort warten müssen.

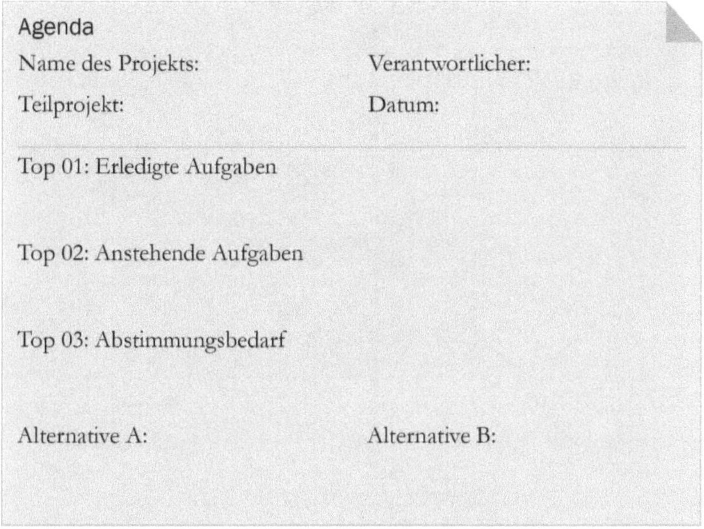

Agenda

Name des Projekts: Verantwortlicher:

Teilprojekt: Datum:

Top 01: Erledigte Aufgaben

Top 02: Anstehende Aufgaben

Top 03: Abstimmungsbedarf

Alternative A: Alternative B:

Abb. 28: Agenda für ein Statusmeeting mit Stakeholdern

Sie benötigen für die Abstimmung mit Ihren Stakeholdern mindestens drei Termine. Neben einem Termin am Anfang des Projekts, in welchem Sie Ihre Vorstellungen (die Projektdefinition) vortragen und das weitere Vorgehen (Ihre Projektplanung) abstimmen und einem Abschlusstermin, in welchem Sie Ihre Ergebnisse präsentieren und übergeben, sollte es mindestens ein Statusmeeting mit Ihrem Stakeholder im Projektverlauf geben.

Planen Sie diesen Termin nicht zu spät ein. Im besten Fall findet er am Ende des ersten Drittels der Gesamtprojektlaufzeit, spätestens allerdings zur Projekthalbzeit statt. So sind Sie in der Lage, bereits erste (Zwischen)-Ergebnisse zu präsentieren, haben aber auch noch genügend zeitlichen Puffer, um auf eventuelle Änderungsanforderungen oder neue Entwicklungen Rücksicht zu nehmen, ohne in zeitliche Bedrängnis zu kommen.

5.1.4 Risikoliste

Ein Projekt zu kontrollieren bedeutet auch sich der Risiken, die eintreten können, aber nicht unbedingt müssen, bewusst zu sein und diese stets im Auge zu behalten. Nur wenn Sie wissen, welche Stolpersteine Ihnen auf Ihrem Weg zum erfolgreichen Projektabschluss eventuell im Weg liegen werden, können Sie diese entweder elegant umgehen oder bereits im Vorfeld aus dem Weg schaffen.

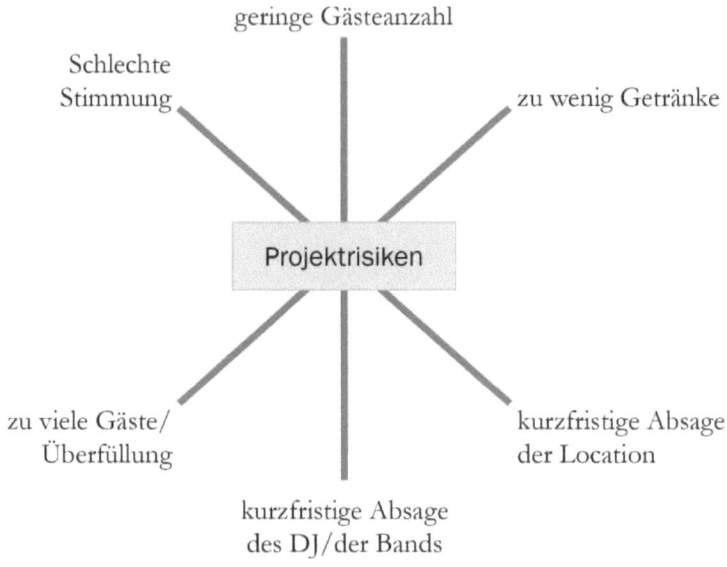

Abb. 29: Projektrisiken für das Projekt: Organisation einer Party

In allen Projekten treten von Zeit zu Zeit Unsicherheiten, Probleme oder sich (manchmal rasant) verändernde äußere Umstände ein, die den Projektverlauf negativ beeinflussen können. Befreien Sie sich davon zu glauben, dass es Ihnen oder Ihrem Projekt da anders ergeht. Seien Sie vielmehr darauf vorbereitet, wie Sie damit umgehen und was Sie konkret dagegen tun können, wenn es soweit ist. Machen Sie sich klar: Solange Sie sich der Risiken bewusst sind, können Sie frühzeitig und gezielt Gegenmaßnahmen einleiten und gegensteuern.

Nr.	Risiko-beschrei-bung	Ursache	Verant-wor-tung	EW	SA	Risi-ko	Status
1	geringe Gäste-anzahl	zu wenig Werbung	Max	1	2	2	erneute Prüfung des Werbebudgets
2	geringe Gäste-anzahl	viele Paral-lelveran-staltungen	Tina	2	2	4	externe Faktoren bei Terminplanung be-achten
3	geringe Gäste-anzahl	uninteres-sante Band	Sam	1	2	2	Band-Auswahl am Publikum ausrichten
4	geringe Gäste-anzahl	schlechtes Wetter	---	2	2	4	Schlechtwetteralter-native parat haben
5	schlechte Stimmung	uninteres-sante Band	Sam	1	3	3	Band-Auswahl am Publikum ausrichten
6	schlechte Stimmung	zu wenig zu essen	Linea	1	3	3	Zusammenarbeit mit Catering
7	schlechte Stimmung	zu wenig zu trinken	Linea	2	3	6	Getränkebestellung auf Kommission
8	...	...					
9	...	...					
...							

Tab. 18: Risikoliste für das Projekt: Party

Erklärung der Abkürzungen in Tabelle 18

EW = Eintrittswahrscheinlichkeit
Wahrscheinlichkeit dafür, dass das benannte Risiko auch tatsächlich im Rahmen des Projekts eintritt

1 = gering   2 = möglich   3 = sehr wahrscheinlich

SA = Schadensausmaß
Auswirkungsgrad auf die Zielsetzung des Projekts bei Eintreten des Risikos

1 = unkritisch   2 = kritisch   3 = extrem kritisch (gleichzusetzen mit einem Scheitern des gesamten Projekts)

Zu Ihrem Handwerkzeug der Projektkontrolle sollte daher eine sogenannte Risikoliste[23] gehören, die Sie am besten vom ersten Projekttag an pflegen. Diese Liste stellen Sie allen Projektmitgliedern zur Verfügung und bitten sie, diese regelmäßig zu aktualisieren. Vor allem wenn Sie in einem größeren Team arbeiten und nur mit zeitlichem Abstand den Status der anderen Teilprojekte erfahren, ist es hilfreich, auch zwischendurch einen Einblick in eventuell auftretenden Risiken zu erhalten, die Ihnen heute vielleicht noch gar nicht bewusst sind, von den anderen Teammitgliedern aber bereits gesehen werden (da diese einfach tiefer in der jeweiligen Thematik drin stecken und dadurch einen Wissensvorsprung haben).

Außerdem sollten Sie in Ihrer Risikoliste immer auch vermerken, wer für das Risiko verantwortlich ist (alternativ: Wer das Risiko gemeldet hat, also wem es aufgefallen ist), sowie den Status festhalten. Nur so wissen Sie, ob das Risiko noch aktuell ist und Sie etwas dagegen tun müssen, ob es sich bereits erledigt hat oder ob Sie bereits eine Lösung gefunden haben.

Praxistipp

Häufig werden Risiken mit bereits bestehenden Problemen verwechselt. Wenn Sie (oder Ihre Teammitglieder) von Anfang an eigentlich keine Zeit für das Projekt haben oder schon immer klar war, dass das gegebene Budget zur Erreichung der gesteckten Ziele nicht ausreichen wird – haben Sie kein Risiko, sondern ein Problem.

Der Unterschied ist, dass Ihr Projekt nicht eventuell durch dieses Risiko negativ beeinflusst werden könnte, sondern dass es definitiv so sein wird. „Keine Zeit" oder „zu wenig Budget" sind Ursachen, welche zu Risiken führen.

5.2 Projektsteuerung

„Der schlimmste Weg, den man wählen kann, ist der, keinen zu wählen."

Friedrich II, König von Preußen

Effektive Projektsteuerung setzt eine kontinuierliche Projektkontrolle voraus und ermöglicht es Ihnen, Ihr Projekt so zu gestalten und zu führen, dass die Projektziele, die Sie sich zu Beginn gesetzt haben, auch erreicht werden können.

---

[23] In Anlehnung an Alam, D./Gühl, U.: Projektmanagement für die Praxis, 2016.

Das Projekt zu steuern ist daher, neben der Projektkontrolle, die wichtigste Aufgabe im Rahmen der Projektdurchführung. Ziel aller Projektsteuerungsaktivitäten ist es, den Ist-Stand (= aktueller Status) des Projekts konsequent und möglichst nah am Sollzustand (aus Ihrem Projektplan) zu halten. Dies bezieht sich sowohl auf Ihren Termin- als auch Ihren Ressourcenplan.

Die in den folgenden Abschnitten vorgestellten Tools und Methoden sollen dabei helfen, Ihr Projekt sinnvoll zu lenken. Diese Instrumente eignen sich sowohl für Projekte im Team als auch für Projekte, für deren Gelingen Sie ganz allein die Verantwortung tragen. Bedenken Sie: Nicht immer sind alle Instrumente zwingend notwendig. Vielmehr suchen Sie sich je nach Projekt, Team und Zeithorizont diejenigen aus, mit welchen sich Ihr Projekt am besten steuern lässt.

5.2.1 Ergebnisprotokoll

Gewöhnen Sie sich an, für jedes Arbeitstreffen im Rahmen eines Projekts ein, wenn auch kurzes, Ergebnisprotokoll anzufertigen. Dokumentieren Sie somit, welche Informationen mitgeteilt wurden, wer welche Aufgabe übernimmt und welche Beschlüsse gefasst wurden.

Wenn Sie (oder ein anderes Teammitglied, oder immer abwechselnd) konsequent Protokoll führen, werden Ihre Arbeitstreffen zunehmend effizienter und ergebnisorientierter ablaufen. Sie vermeiden damit unklare Aufgabenverteilung und Doppelarbeit. Gleichzeitig hat das häufig auftretende und meist anstrengende Diskutieren bereits getroffener Entscheidungen ein Ende.

Damit Ihre Ergebnisprotokolle für alle Teammitglieder nützlich sind und auch genutzt werden, beachten Sie das Folgende:

- *Konkret:* Beschreiben Sie kurz, knapp und präzise die wichtigsten Punkte. Ein Ergebnisprotokoll entsteht im besten Fall als Mitschrift direkt während des Treffens. Verwenden Sie die Kategorien A = Aufgabe / B = Beschluss / I = Information, um auf einen Blick deutlich zu machen, um was es sich bei der Thematik handelt und ob Handlungsbedarf besteht.
- *Schriftlich:* Was immer Sie besprechen oder gemeinsam erarbeiten, erlangt erst durch die Verschriftlichung Verbindlichkeit. Frei nach dem Motto: „Was nicht auf Papier geschrieben steht, wurde auch nie gesagt."[24], werden Sie Aufgaben und Beschlüsse immer wieder neu diskutieren, solange diese nicht verschriftlicht und damit fixiert sind.
- *Zeitnah:* Ein Protokoll ist nur dann ein hilfreiches Arbeitsdokument, wenn es unmittelbar im Anschluss an den jeweiligen Termin verteilt

---

[24] Kerzner, H.: Projektmanagement: Ein systemorientierter Ansatz zur Planung und Steuerung, 2008.

wird. Nur so können Sie sicherstellen, dass die Teilnehmer auch tatsächlich das tun, was vereinbart wurde. Keiner der im Protokoll definierten Termine darf sich zum Zeitpunkt der Verteilung bereits überholt haben.

■ *Öffentlich:* Das Dokument muss mindestens allen Teilnehmern des Arbeitstreffens zur Verfügung gestellt werden. Je nach Art, Umfang und Teilnehmerkreis gibt es häufig auch einen erweiterten Verteilerkreis. Dies bietet sich an, wenn nicht alle Projektmitglieder an Arbeitstreffen teilnehmen können, aber trotzdem die Informationen benötigen.

Ein Protokoll sollte mindestens den Projektnamen, den Protokollanten (als Kontakt für Rückfragen oder Unstimmigkeiten) und den Teilnehmerkreis enthalten. Jedes einzelne Thema benötigt eine Kategorie, eine kurze Beschreibung, eine Verantwortung (ganz wichtig vor allem für die Kategorie A = Aufgabe) und eine Zeitangabe. Ohne eine konkrete Zeitangabe werden Aufgaben entweder gar nicht oder häufig erst zu spät erledigt.

Ergebnisprotokoll				Datum: 13.09.2018
Projektname: Gruppenpräsentation im Fach „Vergleichende Literatur"				
Protokollant: Max				
Teilnehmer: Lisa, Anna, Max				
Nr.	Kategorie (A, B, I)	Beschreibung	Verantwortung	bis wann?
1	A	Internetrecherche	Lisa	15.09.
2	A	Literatursichtung	Anna	20.09.
3	I	Termin für Präsentation wurde verschoben auf den 01.10.	alle	/
4	B	Einteilung der Präsentation in 5 Kapitel (nicht 6 wie ursprünglich geplant)	alle	/
5	A	Überarbeitung der PPT-Struktur	Max	15.09.
6	A	Abgabe der Inhalte an Max	Anna, Lisa	20.09.
7	A	Zusammenfassung der Ergebnisse in PPT	Max	25.09.
8	A	Kontrolle der PPT	Anna, Lisa	30.09.
9	B	Präsentation der Ergebnisse durch 1 Person	Max	/
10	x	...		

Tab. 19: Ergebnisprotokoll für ein Arbeitstreffen im Projekt: Gruppenpräsentation

Wenn Sie regelmäßig Ergebnisprotokolle anfertigen, steuern Sie nicht nur Ihr Projekt in die richtige Richtung, sondern sichern damit auch gleichzeitig die kontinuierliche Dokumentation des Projektfortschritts. Sie können die einzelnen Protokolle dann aggregieren und z.b. als Grundlage für Ihren Statusbericht an Ihren Stakeholder verwenden.

5.2.2 To-Do-Liste

Unter einer sogenannten To-Do-Liste versteht man eine Aufgaben- oder auch Taskliste. Sie können solch eine Liste basierend oder parallel zu Ihrem Ergebnisprotokoll führen. Sie enthält alle Themen mit Kategorie A = Aufgabe, die Sie auch im Ergebnisprotokoll verwenden. Bei größeren Projekten bietet es sich an, die To-Do-Liste nach jedem Arbeitstreffen anzupassen und den Status der einzelnen Aufgaben zu aktualisieren.

Eine separate Auflistung aller erledigten und anstehenden Aufgaben hat gleich mehrere Vorteile:

- Sie sehen auf einen Blick, was bereits erledigt ist, was aktuell in Bearbeitung ist und was noch ansteht, aber aktuell noch nicht begonnen wurde.

- Sie erhalten eine schnelle Antwort auf die Frage, wer für was verantwortlich ist (falls Sie z.b. einmal Hilfe für ein bestimmtes Thema benötigen oder eine Frage zu einem anderen Arbeitspaket haben).

- Die To-Do-Liste ist Grundlage für Ihren Statusbericht. Sie können nicht nur die erledigten und gerade anstehenden Aktivitäten daraus ablesen, sondern auch, und das ist besonders wichtig, etwaige Risiken, die sich aus Aufgaben, die längst gestartet sein müssten, es aber, aus welchen Gründen auch immer, noch nicht sind, ableiten.

Neben einer kurzen und prägnanten Beschreibung der Aufgabe, der Angabe der Person, die dafür verantwortlich ist, dem Start- und Enddatum (abgeleitet aus dem Projektplan) ist der Status der wichtigste Bereich der To-Do-Liste. Sinnvolle Statusbezeichnungen teilen sich in drei Stufen ein:

- nicht begonnen / neu / offen
- begonnen / in Arbeit / in time / out of time / on hold
- erledigt / fertig gestellt / OK / ready / done

Um noch schneller einen Überblick über den Status der einzelnen Aufgaben zu bekommen, bietet sich zusätzlich eine farbliche Gestaltung der einzelnen Status an. Verwenden Sie dazu die in Abschnitt 4.1.1 beschriebene Ampellogik mit der farblichen Markierung grün, gelb und rot.

Nr.	To Do (Aufgabe)	Verant-wortung	Start	Ende	Status
1	Recherche Internet	Max	01.10.	07.10.	erledigt
2	Recherche Literatur (sekundär)	Lisa	01.10.	07.10.	begonnen
3	Recherche Literatur (primär)	Anne, Lisa	05.10.	12.10.	nicht begonnen
4	Abstimmung mit Dozenten	Tim	03.10.	03.10.	erledigt
5	Präsentationsmaster erstellen	Max	04.10.	04.10.	erledigt
6	Einleitung und Ende	Tim, Max	05.10.	15.10.	begonnen
7	Hauptteil A	Max	05.10.	15.10.	erledigt
8	Hauptteil B	Lisa	05.10.	15.10.	begonnen
9	Hauptteil C	Anne, Lisa	05.10.	15.10.	nicht begonnen
...					

Tab. 20: To-Do-Liste für das Projekt: Präsentation in der Gruppe

Neben einer kurzen und prägnanten Beschreibung der Aufgabe, der Angabe der Person, die dafür verantwortlich ist, dem Start- und Enddatum (abgeleitet aus dem Projektplan), ist der Status der wichtigste Bereich der To-Do-Liste. Sinnvolle Statusbezeichnungen teilen sich in drei Stufen ein:

- nicht begonnen / neu / offen
- begonnen / in Arbeit / in time / out of time / on hold
- erledigt / fertig gestellt / OK / ready / done

Um noch schneller einen Überblick über den Status der einzelnen Aufgaben zu bekommen, bietet sich zusätzlich eine farbliche Gestaltung der einzelnen Status an. Verwenden Sie dazu die in Abschnitt 4.1.1 beschriebene Ampellogik mit der farblichen Markierung grün, gelb und rot.

Praxistipp

Ergänzen Sie Ihre persönliche To-Do-Liste je nach Bedarf und Projektsituation um weitere Felder wie Kategorie, Risiko, Ergebnis oder Anmerkung etc.

5.2.3 Kommunikationsmedien

Immer wenn Ihr Projekt nicht von Ihnen allein, sondern in einem größeren Projektteam bearbeitet wird, ist die Nutzung unterschiedlicher Kommunikationsmedien nicht nur sinnvoll, sondern Pflicht. Ohne regelmäßige und intensive Abstimmung mit allen Projektbeteiligten werden Sie Ihr gemeinsames Ziel nicht erreichen können. Sie werden dann zwar auch zu einem Ergebnis kommen, aber im schlimmsten Fall werden es so viele unterschiedliche Ergebnisse sein, wie das Projekt Teammitglieder hat. Beugen Sie vor, in dem Sie von Anfang an geeignete Kommunikationsmedien für Ihr Projekt aufsetzen und alle am Projekt Beteiligten zur Nutzung dieser verpflichten.

Drei grundlegende (und ganz einfache) Kommunikationsmedien, die Sie in jedem Fall für ein Studienprojekt nutzen sollten und die auch essenziell sind für Ihr Online-Studium, sind ein Mailverteiler, eine Kontaktliste sowie ein Messenger-System.

Mailverteiler

Sobald alle Projektmitglieder namentlich bekannt sind, legen Sie einen Mailverteiler für das Projektteam an. Schon die allerersten Informationen zu Beginn des Projekts sind für alle Beteiligten wichtig und sollten deswegen auch alle gleichermaßen erreichen. Mit einem Mailverteiler sparen Sie sich die Zeit und die Mühe, für jede E-Mail die Adressen wieder neu zusammensuchen zu müssen. Gleichzeit stellen Sie sicher, niemanden zu vergessen. Je nach Projektumfang kann es auch Sinn machen, mehrere Verteiler anzulegen (z.B. für Teilprojekte mit reduziertem Mitgliederkreis). Denken Sie daran, neue Projektmitglieder umgehend in bestehende Mailverteiler aufzunehmen und wichtige Rundmails aus der Vergangenheit an die Person weiterzuleiten. Die so chronologisch im Projektverlauf zusammengetragenen Informationen ermöglichen auch jemanden, der erst später dazu stößt, einen schnellen Einstieg ins Projekt.

Kontaktliste

Neben der Abstimmung des Themas und der Verteilung der Aufgaben und Verantwortlichkeiten ist die Erstellung einer Kontaktliste der wichtigste Tagespunkt eines Kickoff-Meetings. Sinnvollerweise nehmen Sie in diese Liste neben den Telefonnummern auch direkt die E-Mail-Adressen aller Teammitglieder auf. Im Anschluss an das Kickoff-Meeting können Sie dann einen Mailverteiler erstellen und die Kontaktliste an das Projektteam verschicken.

Mit einer aktuellen Kontaktliste stellen Sie sicher, dass alle Teammitglieder zu jeder Zeit miteinander in Kontakt treten, sich austauschen und miteinander arbeiten können, auch ohne das offizielle und terminierte Teammeetings dafür einberufen werden müssen. Vor allem, wenn Ihr Projektteam aus sich bisher fremden Studierenden besteht, ist dies essenziell, um den Arbeitsprozess in Gang zu bringen.

Messenger-System

Eine Projektgruppe im Rahmen eines Nachrichten-Messenger ist nützlich für alles, was Sie zwischendurch abstimmen müssen. Dies kann eine kurzfristige Raum- oder Terminänderung, eine Erinnerung an ein gemeinsames Treffen oder eine Zwischenfrage jeglicher Art, die umgehend abgestimmt werden muss, und nicht Zeit bis zum nächsten Teammeeting hat, sein.

Art der Kommunikation	Inhalt	Teilnehmer	Frequenz	Medium	Dokumentation
Stakeholder-Sitzung	Ziele, Inhalt, Qualität	Projektverantwortlicher, Stakeholder	1x im Monat / Quartal	persönlich	Präsentation
Status-Meeting	Zwischenergebnisse, nächste Schritte, Risiken	Projektteam	1x im Monat / Woche	persönlich / virtuell	Statusbericht
Teilprojekt-Meeting	Zwischenergebnisse, nächste Schritte, Risiken	Teilprojektteam	1x im Monat / Woche / Tag	persönlich / virtuell	Statusbericht
Einzelgespräch	Risiken	Person A und B	nach Bedarf	persönlich	Protokoll
Gruppendiskussion	inhaltliche Themen	(Teil-)Projektteam (auch interdisziplinär)	nach Bedarf	persönlich / virtuell	Arbeitspapier
Arbeitstreffen	inhaltliche Themen	(Teil-)Projektteam (auch interdisziplinär)	nach Bedarf	persönlich / virtuell	Aufgabenliste
Projektinformation	Inhalt, Ziele	alle Interessierten und Betroffenen	nach Bedarf (mind. Kickoff und Projektabschluss)	persönlich / schriftlich	Präsentation
...					

Tab. 21: Kommunikationsformen im Projekt

WhatsApp ist eine Möglichkeit, die Sie nutzen können, neben dieser gibt es aber auch noch viele andere. An vielen Universitäten gibt es auch interne Messengersysteme. Stimmen Sie im Projektteam darüber ab, welche Kommunikationsform von allen genutzt wird und für das Projekt sinnvoll erscheint. Grenzen Sie niemanden vom Projekt aus, nur weil er eine bestimmte Kommunikationsform nicht mag oder keinen Zugriff dazu hat.

Neben dem Mailverteiler, der Kontaktliste und einer WhatsApp-Gruppe, die Sie in jedem Falle nutzen sollten, gibt es eine ganze Reihe weiterer Kommunikationsformen und Kommunikationsmedien, die für Ihr Projekt nützlich sein können. Je nachdem wie umfangreich Ihr Projekt und das ausführende Team sind, werden Sie mal mehr und mal weniger Kommunikation benötigen. Tabelle 21 gibt Ihnen einen Überblick, welche weiteren Kommunikationsformen es in Projekten gibt und welcher Medieneinsatz sich jeweils dafür eignet.

Praxistipp

Die Grundlage jeder guten Kommunikation ist es, gemeinsam Zeit zum Kommunizieren zu haben. Eine Internetplattform wie *Doodle* hilft Ihnen dabei, Termine (= Kommunikationszeitpunkte) mit Ihrem Projektteam zu finden, an denen auch jeder Zeit hat.

Über eine App oder die Website können Sie mehrere Termine vorschlagen (das heißt im System einstellen) und die dafür benötigten Teilnehmer dazu einladen. Die Einladung können Sie per E-Mail oder per WhatsApp verschicken. Die angeschriebenen Projektmitglieder tragen sich für die ihnen passenden Termine ein und Sie können anschließend den oder die Termine mit der höchsten Zustimmung auswählen. Denken Sie daran, dass das Ergebnis nach erfolgter Abstimmung auf jeden Fall noch einmal allen Beteiligten mitgeteilt werden muss.

Der Link zur Erstellung einer Doodle-Abfrage ist: http://www.doodle.com. Die Nutzung von Doodle ist kostenlos.

5.2.4 Datensicherung

Egal um welche Art von Projekt es sich bei Ihrem Studienprojekt handelt, Sie werden definitiv im Laufe der Zeit eine Menge Dokumente jeglicher Art produzieren. Dies fängt bereits bei Ihrem Projektsteckbrief an, geht weiter über die verschiedenen Elemente Ihrer Projektplanung, nimmt seinen Höhepunkt mit einer Flut von Dokumenten, die während der eigentlichen

Projektdurchführung entstehen und endet mit den Dokumenten, die zum sauberen Abschluss des Projekts erstellt werden müssen.

Neben den Dokumenten, die Sie selbst erstellen, werden Sie zudem eine ganze Reihe an Unterlagen erhalten, die Sie für Ihr Projekt verwenden können. Dies kann Input seitens Ihrer Stakeholder oder der anderen Projektmitglieder sein. Vieles davon wird sich aus Internet- und Literaturrecherchen ergeben.

Die allermeisten Ihrer selbst erstellten Projektdokumente werden Sie nicht in einem Rutsch in seinen finalen Endzustand bringen. Stattdessen wird es viele Versionen und zum Teil auch Neuentwürfe geben, an denen Sie kontinuierlich arbeiten, die Sie Stück für Stück konkretisieren, bis schließlich das fertige Projektergebnis daraus entstanden ist.

Um in diesem „Berg" von Dokumenten den Überblick nicht zu verlieren, was ein entscheidender Beitrag zu Ihrem Projekterfolg sein kann, benötigen Sie eine sinnvolle Ordnungsstruktur, die Sie im besten Falle einmal zu Beginn des Projekt festlegen und dann kontinuierlich über den gesamten Projektverlauf beibehalten und bei Bedarf ausbauen. Damit Ihre Ordnungsstruktur gelingt und auch über einen längeren Zeitraum nutzbar ist, müssen Sie zum einen eine Namenskonvention festlegen und zum anderen eine Ablagestruktur für Ihre Dokumente entwickeln. Beides muss genügend Raum für Anpassungen und Neuerungen zulassen, denn häufig wissen Sie zu Beginn noch nicht konkret, in welche Richtung sich das ein oder andere Thema entwickeln wird und was Sie im Detail alles dafür benötigen werden.

Namenskonvention

Mit einer Namenskonvention legen Sie fest, wie die Dokumente, die im Rahmen Ihres Projekts erstellt werden, benannt werden sollen. Dies hilft Ihnen, auf einen Blick und vor allem ohne das Dokument öffnen zu müssen, zu erkennen, um welches Dokument es sich handelt und was Sie darin vorfinden werden. Vor allem wenn Sie im Team arbeiten, ist dies eine immense Arbeitserleichterung. Von Ihren eigenen Dokumenten wissen Sie vielleicht noch, was Sie unter welchem Titel abgespeichert haben. Wenn Sie aber mit anderen gemeinsam an Dokumenten arbeiten, können Sie ohne eine eindeutige Benennung nicht wissen, was sich dahinter verbirgt. Im schlimmsten Fall müssen Sie jedes Dokument einzeln öffnen, um eine bestimmte Information zu finden.

Eine gute Namenskonvention beginnt immer mit dem Projektnamen (oder einem Projektkürzel) und ist damit eindeutig zuordenbar. Weiter sollte der Name entweder das Teilprojekt, das Arbeitspaket oder eine Zuordnung zu einer Aufgabe oder einem Arbeitsbereich enthalten. Gefolgt wird dies von einer kurzen Inhaltsbeschreibung oder dem Thema des Dokuments.

Name	Änderungsdatum	Typ	Größe
Abschlussarbeit_Expose_FINAL	23.09.2015 15:11	Microsoft Word 97...	40 KB
Abschlussarbeit_Gliederung_Entwurf zur Abstimmung...	23.09.2015 15:11	Microsoft Word 97...	40 KB
Abschlussarbeit_Recherche_Internet_v10	23.09.2015 15:11	Microsoft Word 97...	40 KB
Abschlussarbeit_Recherche_Literatur_primär_v03	23.09.2015 15:11	Microsoft Word 97...	40 KB
Abschlussarbeit_Recherche_Literatur_sekundär_v01	23.09.2015 15:11	Microsoft Word 97...	40 KB

Abb. 30: Beispiel für eine Namenskonvention

Am Ende des Dokuments steht immer eine Versionsnummer. Gewöhnen Sie sich an, häufig zwischenzuspeichern, und zwar nicht im Dokument selbst, sondern durch erneutes Abspeichern einer neuen Version. Dieses Vorgehen ermöglicht es Ihnen, wann immer es notwendig ist, auf ältere Inhalte zurückzugreifen. Bennen Sie fertige Dokumente mit einem „FINAL" am Ende, um damit den letzten und endgültigen Stand zu markieren.

Wenn Sie gemeinsam mit anderen an denselben Dokumenten arbeiten, kann auch ein Namenskürzel am Ende des Dokuments hilfreich sein. So erkennen Sie leicht, von wem das Dokument stammt bzw. wer darin die letzte Änderung vorgenommen hat.

Ablagestruktur

Gleichgültig ob es sich nur um Ihre eigenen Dokumente handelt oder Sie gemeinsam mit anderen an Dokumenten auf einer (Online-)Daten-Plattform arbeiten: Erstellen Sie eine Ablagestruktur, die es Ihnen ermöglicht, neue Dokumente leicht einzuordnen und bestehende Dokumente schnell wieder zu finden. Eine perfekte Grundlage zur Erstellung solch einer Struktur ist Ihr Arbeitsstrukturplan (siehe Abschnitt 4.1). Legen Sie für jedes einzelne Teilprojekt oder Arbeitspaket einen Ordner an und gliedern Sie dann jeden dieser Ordner entweder einheitlich oder individuell, je nachdem, wie Sie Ihre Projektarbeit strukturiert haben.

Gewöhnen Sie sich an, Ihren Projektordner von Zeit zu Zeit aufzuräumen. Sortieren Sie Dokumente, die lose auf Ihrem Desktop liegen, entsprechend ihrer Zugehörigkeit ein oder erstellen Sie neue Unterordner, falls es den passenden Unterordner bisher noch nicht gab. Sortieren Sie ältere Versionen und Entwürfe aus. Löschen Sie diese aber nicht, sondern speichern Sie sie in einem Extraordner „ältere Versionen" ab, um bei Bedarf immer wieder darauf zurückgreifen zu können.

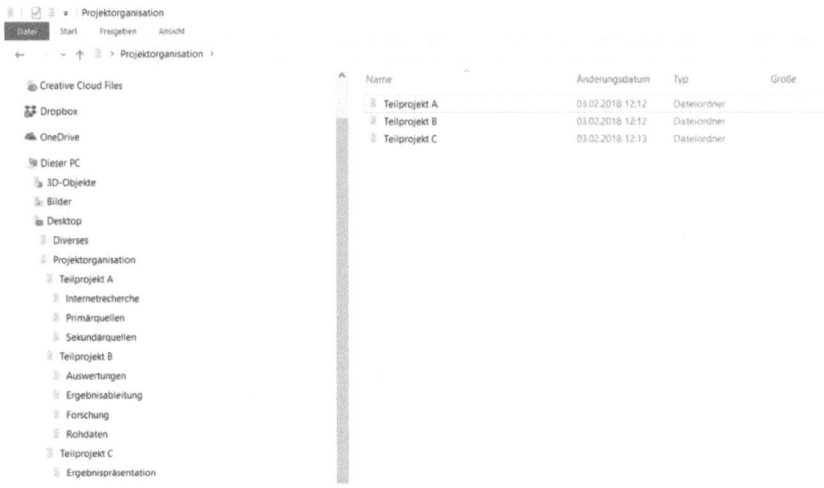

Abb. 31: Beispiel für eine Ablagestruktur

Praxistipp

Wenn an der Projektdurchführung mehrere Personen beteiligt sind, empfiehlt es sich, auf einer gemeinsamen Daten-Plattform, wie z.B. *Dropbox,* zu arbeiten. Es handelt sich dabei um eine Cloud-Lösung, die es Ihnen ermöglicht, Daten mit anderen zu teilen, um gemeinsam daran arbeiten zu können.

Achten Sie bei der Auswahl Ihrer Daten-Plattform darauf, dass auch Versionsstände verwaltet werden können. Das ist immer dann äußerst nützlich, wenn Sie einmal eine vorherige Version Ihrer Daten wiederherstellen müssen, weil z.B. ein Projektmitglied einen Fehler gemacht hat.

Die bekanntesten Anbieter sind:

Dropbox: http://www.dropbox.com
Google: https://www.google.com/intl/drive
Microsoft: https://onedrive.live.com

Darüber hinaus gibt es natürlich noch viele weitere (Online-)Lösungen. Erkundigen Sie sich an Ihrer Universität, ob es gegebenenfalls ein universitätsinternes System gibt oder welche Plattform von Ihrer Universität oder Ihrem Stakeholder (z.B. dem zuständigen Professor) präferiert wird.

5.2.5 Projekttagebuch

Unter einem Projekttagebuch können Sie sich eine Art „Logbuch" vorstellen, in dem chronologisch alle wesentlichen Ergebnisse und Vorkommnisse (so z.B. auch Notizen bzgl. beobachteter Entwicklungen, möglicher Risiken und anstehender Veränderungen) festgehalten werden. Ein Projekttagebuch dient dazu, jederzeit nicht nur den aktuellen Status, sondern vor allem den Weg bis zu diesem einsehen zu können. So können frühere Abläufe und bereits getroffene Entscheidungen auch nach längerer Zeit noch nachvollzogen werden. Gleichzeitig erleichtert ein Projekttagebuch einzelnen Teammitgliedern den raschen Widereinstieg nach längerer Abwesenheit und eventuelle Wechsel in der Teamstruktur.

Ein Projekttagebuch für Ihr Projekt können Sie als ein echtes gebundenes Buch anlegen, was Sie bei allen wichtigen Terminen mit sich führen und in welche Sie die wichtigsten Ereignisse und Entscheidungen chronologisch notieren. Es kann aber auch eine zentrale Datei abgespeichert auf Ihrer gemeinsamen Daten-Plattform sein.

Viele der in Kapitel fünf vorgestellten Instrumente (z.B. Statusbericht, Ergebnisprotokoll oder To-Do-Liste) münden letztendlich in einem Projekttagebuch. Sie können es also als eine Art zusammenfassendes oder bindendes Element verstehen.

Praxistipp

Vor allem zum Abschluss des Projekts wird Ihr Projekttagebuch noch einmal von besonderer Relevanz sein. Sie können damit nicht nur das Projektergebnis, sondern den gesamten Projektverlauf erklären.

Häufig werden im Rahmen Ihrer Ergebnispräsentation nicht nur Fragen zum Ergebnis, sondern vor allem zum Arbeitsablauf und den Entscheidungen, die zu diesem Ergebnis geführt haben, abgefragt. Mit einem Projekttagebuch sind Sie auch in solchen meist „kritischen" Situationen schnell auskunftsfähig und können mit Ihrem Wissen punkten.

5.2.6 Entscheidungsmatrix

Eine Entscheidungsmatrix hilft Ihnen, Entscheidungen jedweder Art im Projekt basierend auf Fakten und damit rational zu treffen. Jede Entscheidungsmatrix beruht auf der Bewertung und dem Vergleich verschiedener Alternativen. Sie ermitteln zunächst die Beurteilungskriterien (die abhängig von der Projektsituation immer unterschiedlich sein können), gewichten diese und nehmen anschließend eine Beurteilung nach den festgelegten Kriterien vor. Das Ergebnis (oft in Form einer Matrix dargestellt) zeigt Ihnen den Gesamtnutzen einer Alternative und bildet die Grundlage für Ihre Entscheidung.

Kriterium	Gewich-tung	Erfüllungsgrad für Alternative...		
		A	B	C
möglichst wetterunabhäng-ige Location	25%	0%	100%	100%
möglichst geringe Kosten für Equipment	25%	100%	50%	20%
möglichst hohe Teilnehmeranzahl	25%	100%	20%	50%
tolle Atmosphäre für Studenten	25%	80%	10%	20%
Gesamtnutzen:		70%	45%	48%

Tab. 22: Entscheidungsmatrix für die Auswahl einer geeigneten Location im Projekt: Erstsemesterparty

Alternativen für das Beispiel in Tabelle 22:

- A = Party im Freien
- B = Party in einer anzumietenden Turnhalle
- C = Party in einem zu leihenden Zelt im Freien

Zur Erstellung einer Entscheidungsmatrix können Sie immer wieder dasselbe einfache Tabellenformat nutzen. Listen Sie zunächst in der linken Spalte die Beurteilungskriterien auf. Es sollten mindestens drei und maximal zehn Kriterien sein, damit Ihre Bewertung genügend Aussagekraft hat, aber gleichzeitig auch noch übersichtlich und nachvollziehbar bleibt. Wenn nötig begründen Sie die Auswahl Ihrer Kriterien bzw. das Weglassen bestimmter Kriterien (z.B., weil es nicht im Rahmen Ihres Ermessensspielraums liegt, etwas bewerten zu können).

In der zweiten Spalte nehmen Sie für jedes Kriterium eine Gewichtung vor. Dies ist ein Wert (am besten in Prozent), der anzeigt, wie wichtig jedes einzelne Kriterium für die Entscheidungsfindung ist. Sie können alle Kriterien gleich gewichten (weil Ihnen alles gleich wichtig ist) oder Sie können sehr unterschiedlich gewichten. Über die Höhe der Werte können Sie sogar ein sogenanntes „No-Go-Kriterium"[25] festlegen. Für dieses Kriterium ist die Gewichtung so hoch, dass eine Alternative, welche dieses Kriterium nicht erfüllt, insgesamt betrachtet immer am schlechtesten abschließen wird. Wenn Sie unterschiedlich stark gewichten, denken Sie daran, irgendwo (z.B. im Projekttagebuch) die Auswahl Ihrer Werte zu begründen. So bleiben Sie aussagefähig, auch wenn Sie später einmal nach den Gründen für eine Entscheidung gefragt werden oder wenn diese, im schlimmsten Fall, später in Frage gestellt werden.

In den Kopf Ihrer Tabelle schreiben Sie die möglichen Alternativen. Es sollten mindestens zwei und maximal fünf Alternativen sein, zwischen denen Sie später eine Entscheidung fällen müssen. Nun bewerten Sie jede Ihrer Alternativen anhand der festgelegten Kriterien. Sie können dazu fixe Werte oder Prozentwerte vergeben. Die einzelnen Werte, die Sie für ihre Ergebnisalternativen vergeben haben, werden anschließend mit dem Wert der Gewichtung multipliziert und dann aufsummiert. Die Alternative mit dem höchsten Gesamtnutzen ist die empfehlenswerteste Variante gemäß Ihrer Entscheidungsmatrix. Der Ergebniswert an sich spielt dabei keine große Rolle, entscheidend ist der Vergleich (bzw. der Abstand) zwischen den einzelnen Alternativen.

Denken Sie daran: Das Ergebnis Ihrer Entscheidungsmatrix ist immer ein subjektives und beruht auf den Kriterien und der Gewichtung, die Sie oder Ihr Team gewählt haben. Sobald Sie die Kriterien oder die Gewichtung anders setzen, wird sich das Ergebnis verändern und kann sogar ein ganz anderes werden. Solch ein Instrument kann Ihnen daher immer nur Unterstützung auf dem Weg zur Entscheidungsfindung leisten, indem es Klarheit in schwierigen Situationen schafft. Die Entscheidung treffen kann es allerdings nicht. Dies müssen Sie tun.

Praxistipp

Wenn Ihnen die Berechnung mit Zahlenwerten für die schnell zu treffende Entscheidungen zu umständlich ist, können Sie auch mit einer einfachen Prüfliste arbeiten.

Sie stellen dafür ebenfalls Kriterien auf, nach denen Sie Ihre Alternativen bewerten, tun dies dann aber nicht mittels Zahlenwerte, sondern mit einer Einschätzung. Diese kann unterschiedlich viele Abstufungen haben, je nachdem, was Sie bewerten bzw. entscheiden wollen:

- erfüllt / nicht erfüllt
- best / middle / worst
- optimal / gut / ausreichend / unbefriedigend

---

[25] Aus dem Englischen: Ausschlusskriterium.

Die Nutzung einer Entscheidungsmatrix kann Ihnen im gesamten Projekt-verlauf dienlich sein, egal ob Sie noch ganz am Anfang stehen und die Pro-jektziele festlegen, mitten in einem Statusmeeting mit dem Projektteam ei-nen wichtigen nächsten Schritt festlegen wollen, oder sich zum Abschluss des Projekts für eine Präsentationsform entscheiden müssen. Auch die Ent-scheidungsmatrix dient daher der Projektsteuerung.

Checkliste für die Projektdurchführung

☐ Gibt es ein definiertes Format für den Statusbericht mit Ab-schnitten für „Erledigtes", „Anstehendes", „Projektrisiken/offene Themen" und eine generellen Projekteinschätzung (Ampel-logik)?

☐ Ist das zu verwendende Format für den Statusbericht allen Pro-jektmitgliedern bekannt und wurde es allen erklärt?

☐ Wird der Statusbericht regelmäßig und von allen in den Status-meetings genutzt?

☐ Sammeln Sie die Statusberichte in chronologischer Reihenfolge und überprüfen Sie anhand derer den Projektfortschritt (Ab-gleich mit dem Projektplan)?

☐ Finden regelmäßige Statusmeetings mit dem gesamten Projekt-team (bei Bedarf zusätzlich in den Teilprojekten oder Arbeits-kreisen) statt?

☐ Haben Sie mindestens drei Statustermine mit Ihren Stakeholdern vereinbart? Gibt es eine eigene Agenda für die Statusmeetings mit den Stakeholdern?

☐ Haben alle Projektmitglieder Skype und TeamViewer installiert und sind mit der Technik vertraut? (Achtung: Für Ungeübte kön-nen die ersten Versuche mit dieser Technik manchmal unge-ahnte Schwierigkeiten mit sich bringen.)

☐ Verfassen Sie für jedes Arbeitstreffen ein Ergebnisprotokoll, in welchem Sie die wichtigsten Ergebnisse und Entscheidungen festhalten?

☐ Haben Sie einen festen Protokollanten bestimmt oder ein rotie-rendes System festgelegt, nach welchem abwechselnd jeder ein-mal für das Protokoll verantwortlich ist?

☐ Gibt es einen (oder bei Bedarf mehrere) Mailverteiler? Ist der Verteiler auf dem aktuellen Stand?

☐ Gibt es eine Kontaktliste? Wird diese ständig auf dem aktuellen Stand gehalten?

☐ Gibt es eine Messenger-Gruppe? Ist der Teilnehmerkreis aktuell? Haben alle Projektbeteiligten Zugang zum genutzten System (z.B. WhatsApp)?

☐ Haben Sie ein festes Verfahren zur Terminabstimmung definiert (z.B. per Doodle-Liste)?

☐ Gibt es eine Namenskonvention für alle Dokumente, die von Ihnen oder den anderen Projektbeteiligten erstellt werden?

☐ Gibt es in Ihren eigenen oder den öffentlichen Projektunterlagen eine sinnvolle Ablagestruktur?

☐ Räumen Sie Ihre Projektunterlagen regelmäßig auf und sortieren Sie die bereits existierenden Unterlagen in die dafür vorgesehenen (Unter-)Ordner ein?

☐ Nutzen Sie, wenn es ein Projektteam gibt, eine gemeinsame Datenplattform (z.B. eine Dropbox)? Hat jedes Teammitglied Zugriff auf die Plattform?

☐ Haben Sie festgelegt, welche Dokumente (in welchem Format) öffentlich gesichert werden sollen?

☐ Führen Sie ein Projekttagebuch? Notieren Sie darin alle wichtigen Ereignisse und Entscheidungen basierend auf den Statusberichten, Statusmeetings, Ergebnisprotokollen etc.?

☐ Nutzen Sie eine Entscheidungsmatrix, um allein oder im Team anstehende Entscheidungen basierend auf Fakten zu treffen?

6   Das Projekt abschließen

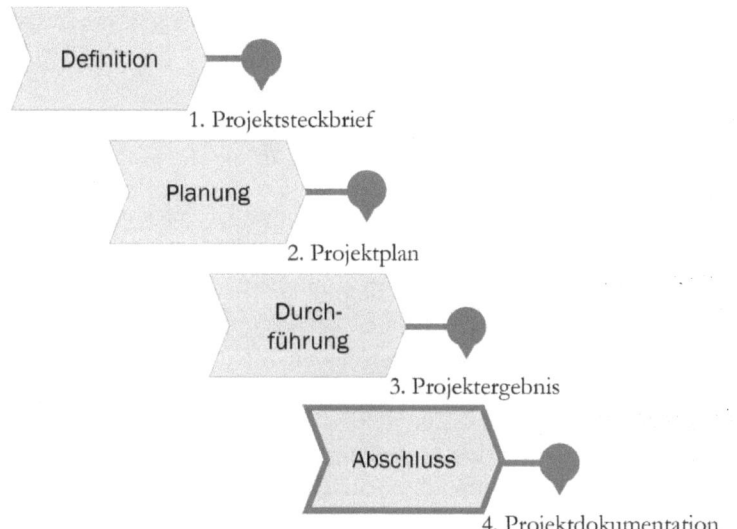

1. Projektsteckbrief

2. Projektplan

3. Projektergebnis

4. Projektdokumentation

Lernziele

■ Was muss alles erledigt werden, um ein Projekt endgültig abschließen zu können?

■ Warum sollte jedes Projekt zum Abschluss gründlich bewertet
werden?

Irgendwann ist es dann soweit: Sie haben Ihr Projekt zunächst als ein solches definiert, dann im Detail geplant und es schließlich – Schritt für Schritt – durchgeführt. Sie haben – im Optimalfall – die gesetzten und mit den Stakeholdern vereinbarten Ziele im geplanten Zeitrahmen mit den gegebenen Mitteln erreicht. Es wird Zeit, Ihr Projekt abzuschließen.

In erster Linie bedeutet das, die Ergebnisse, oder auch den Outcome[26] an den Auftraggeber (häufig gleichzeitig Ihr Stakeholder) zu übergeben, um damit den Projektauftrag zu erfüllen. Je nach Art des Projekts (z. B die Organisation einer Party) muss es sich dabei nicht unbedingt um etwas physisch Übertragbares handeln. In diesem Fall kann die *Übergabe* auch in Form eines kurzen, schriftlichen oder mündlichen, Abschlussberichts erfolgen. Sie treffen sich zu diesem Zweck ein letztes Mal mit Ihrem Stakeholder, berichten vom Projektverlauf und den erzielten Ergebnissen.

Unabhängig von der Art des Projektes sollten Sie eine *Bewertung* der zurückliegenden Zeit vornehmen. Was lief bereits richtig gut? Was hat noch nicht so gut funktioniert und wie können Sie es in Ihrem nächsten Projekt besser machen? Um nichts zu übersehen, sollten Sie die Bewertung immer aus mindestens zwei Perspektiven, Ihrer eigenen und die mindestens einer anderen Person (z.B. ein anderes Projektmitglied, ein Stakeholder etc.) vornehmen.

Für zukünftige Projekte ist neben der Bewertung der eigenen Leistung und des Projektverlaufs die *Dokumentation* entscheidend. Räumen Sie Ihren Arbeitsplatz (und PC) auf, benennen Sie alle relevanten Unterlagen nach der korrekten Namenskonvention und sichern Sie alles kompakt auf einem externen Medium. Auch wenn dies zunächst lästig erscheinen mag – im nächsten Projekt werden Sie feststellen, dass Sie vieles davon mit nur wenig Arbeitsaufwand wiederverwenden können.

6.1 Übergabe

„Der Schlüssel zum Glück liegt im Handeln, nicht in Worten."

Louis R. Hughes

Der eigentliche Meilenstein der dritten Projektphase (Durchführung) ist das Projektergebnis. Die Fertigstellung dessen allein schließt ein Projekt aber noch nicht ab. Vielmehr ist es die Übergabe an den Auftraggeber. Nicht immer erfolgt diese in einem Schritt, häufig werden auch, abhängig vom Fertigstellungsgrad, Arbeitspakete zeitlich nachgelagert übergeben. Erst mit

[26] Aus dem Englischen: Resultat, Erfolg, Ende.

Übergabe des letzten abschließenden oder zusammenfassenden Arbeitspaketes ist das Projektergebnis an sich übergeben, sodass mit den eigentlichen Abschlussaktivitäten begonnen werden kann.

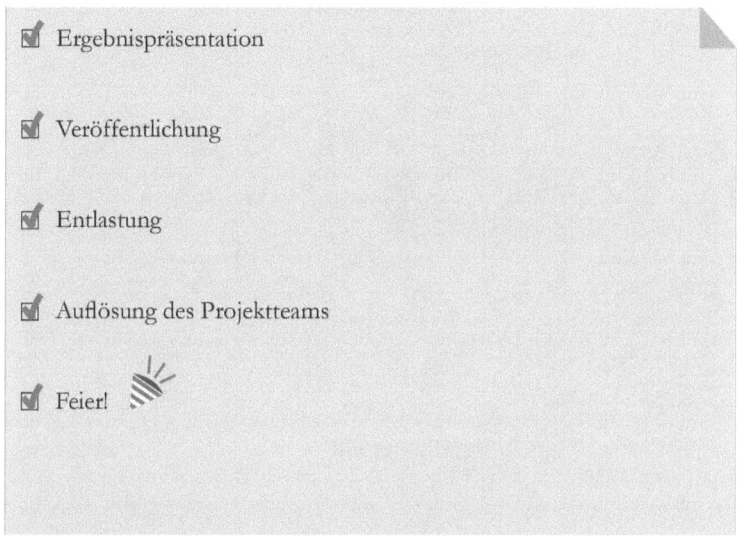

Abb. 32: Abschlussaktivitäten nach der Übergabe

6.1.1 Ergebnispräsentation

Eine abschließende Präsentation dient zum einen der Vorstellung der Ergebnisse, die durch das Projekt erzielt wurden, zum anderen wird im Rahmen dieses Termins das Projekt formal abgenommen. Stellen Sie in Ihrer Ergebnispräsentation nicht nur das fertige Endprodukt vor, sondern beginnen Sie mit einem Rückblick auf das gesamte Projekt. Was war die Ausgangslage? Welche Ziele sollten erreicht werden? Wer hat alles am Projekt mitgearbeitet? Wenn es im Laufe des Projekts unvorhergesehene Schwierigkeiten oder Richtungswechsel gab, sollten diese auch dargestellt werden. Jede Abweichung von der ursprünglichen Projektdefinition und -planung hat Einfluss auf das Projektergebnis. Erst im Kontext des Projektgeschehens ist der Auftraggeber in der Lage, das erzielte Ergebnis zu verstehen, einzuordnen und schließlich korrekt zu bewerten.

Basierend auf Ihrer Ergebnispräsentation erteilt der Auftraggeber die formelle Entlastung des Projekts und bestätigt damit den Zielerreichungsgrad, die abgelieferte Qualität, sowie die Einhaltung der finanziellen und zeitlichen Ressourcen.

Agenda

Name des Projekts: Verantwortlicher:

Teilprojekt: Datum:

Top 01: Projekthintergrund

Top 02: Key-Findings (Projektergebnis)

Top 03: Nächste Schritte/Ausblick

Top 04: Appendix (detaillierte Projektergebnisse)

Abb. 33: Agenda für die Ergebnispräsentation

Praxistipps zur Vorbereitung auf eine Präsentation

1. Richten Sie Ihre Präsentation auf die *Zielgruppe* aus. Fragen Sie sich dafür zunächst: Wer sind meine Zuhörer? Welches Vorwissen haben sie? Was ist für meine Zuhörer relevant und interessant?

2. Beschränken Sie sich auf die *wichtigsten Aspekte* und wenden Sie die KISS-Regel an. Fertigen Sie zusätzlich ein Backup mit ergänzenden Ausführungen an, auf welches Sie bei Bedarf (z.B. bei Rückfragen) zugreifen können. Das schafft Sicherheit und reduziert die Angst vor unerwarteten Fragen.

3. Kümmern Sie sich rechtzeitig um *Räumlichkeiten und Technik* (Overhead-Projektor, Beamer, Laptop, Mikrofon etc.). Testen Sie nach Möglichkeit alles am Vortag aus, damit Sie mit den örtlichen Gegebenheiten und den Funktionalitäten vertraut sind.

4. Spielen Sie Ihre Präsentation mindestens einmal komplett durch, damit Sie wissen, wie Sie mit der Zeit zurechtkommen. Suchen Sie sich ein Publikum, welches Ihnen kritische Fragen stellt (die Sie so oder ähnlich erwarten werden) und Ihnen ein *Feedback* gibt.

Bedenken Sie: Die Präsentation Ihres Ergebnisses ist nach wie vor Teil des Projekts und hat nicht unerheblichen Einfluss auf die Beurteilung dessen.

Bereiten Sie sich auf den Termin gut vor und nehmen Sie dieses letzte, häufig vernachlässigte Arbeitspaket nicht auf die leichte Schulter.

6.1.2 Veröffentlichung

Typisch für viele Studienprojekte ist die Veröffentlichung bzw. die Vervielfältigung des Projektergebnisses im Rahmen des Projektabschlusses. Dies trifft immer dann zu, wenn das Ergebnis Ihres Projekts eine schriftliche Arbeit (Bachelor-, Masterthesis etc.) ist. Sie verfolgen mit Ihrem Wunsch nach Veröffentlichung nicht unbedingt ein primäres Ziel Ihres Stakeholders, sollten aber selbst ein besonderes Interesse daran haben, Ihre geleistete Arbeit und investierte Mühe in irgendeiner Form zu konservieren und damit auch für andere zugänglich und nutzbar zu machen. Gleichzeitig schaffen Sie sich damit eine wichtige Referenz für die Zeit nach dem Studium.

Zur Veröffentlichung Ihres Projektergebnisses bieten sich eine ganze Reihe unterschiedlicher Möglichkeiten an. Welche Art der Veröffentlichung Sie auswählen, hängt vor allem von Ihrem Studienfach und dem Thema der Arbeit ab und natürlich davon, was und wen Sie erreichen möchten. Häufig ist es sinnvoll, nicht nur eine Möglichkeit zu verfolgen, sondern unterschiedliche Veröffentlichungsformate[27] miteinander zu kombinieren.

Publikationsserver der Hochschule

Durch eine Veröffentlichung Ihres Projektergebnisses digital an Ihrer Hochschule machen Sie Ihre Erkenntnisse für andere Forscher, zumeist sogar hochschulübergreifend, zugänglich und stärken gleichzeitig damit Ihren fachlichen Ruf als Experte für ein bestimmtes Themengebiet.

Universitätsverlag

Auch eine Buchveröffentlichung über den Universitätsverlag ist möglich. Geld verdienen lässt sich auf diese Weise allerdings kaum. Im Gegenteil: Als Autor müssen Sie meist einen Druckkostenzuschuss zahlen. Erkundigen Sie sich daher im Vorfeld über die anfallenden Kosten und suchen Sie nach Finanzierungsmöglichkeiten.

Book-on-Demand

Eine kostengünstige Alternative zur Veröffentlichung ist „Book-on-Demand". Dabei wird das Buch erst gedruckt, wenn es auch bestellt wird. Entsprechend niedrig sind die anfallenden Druckkosten. Den Verkaufspreis für

---

[27] In Anlehnung an Hartmann, C.: Abschlussarbeit veröffentlichen und damit Geld verdienen. https://www.ruv.de, Abruf im Jul. 2020.

das Buch legen entweder der Verlag, Sie als Autor oder beide Parteien gemeinsam fest. Als Autor erhalten Sie für jedes verkaufte Buch einen Anteil am Verkaufspreis. Abgerechnet wird zumeist einmal im Jahr.

E-Book

Eine weitere Möglichkeit ist die digitale Veröffentlichung als E-Book. Das Prinzip ist ähnlich wie beim Book-on-Demand für die Printveröffentlichung. Der Verkaufspreis ist aufgrund der fehlenden Druckkosten meist geringer als beim Verfahren Book-on-Demand. Der Anteil für Sie als Autor ist dafür höher.

Fachzeitschrift

In den Verlagen von Fachzeitschriften sind Abschlussarbeiten meist gern gesehen, sofern Thema und Qualität stimmen. Veröffentlicht wird hierbei allerdings nur eine Zusammenfassung oder ein Auszug aus Ihrer Arbeit. Ob Sie eine Vergütung erhalten, hängt vom Verlag und Ihrem Verhandlungsgeschick ab. Ihrem Ruf als Autor nutzt die Veröffentlichung in einer Fachzeitschrift allemal.

Blog

Wenn Sie bereits einen Blog betreiben (vielleicht ist dieser ja im Rahmen Ihres Projekts entstanden oder war sogar Teil des Projekts), sollten Sie dort auf jeden Fall Auszüge sowie die wichtigsten Ergebnisse publizieren. Wird die wissenschaftliche Arbeit an anderer Stelle als Gesamtwerk veröffentlicht, weisen Sie in Form eines Blog-Artikels darauf hin.

Online-Fachportal

Und schließlich: Prüfen Sie die Möglichkeit, einen Gastbeitrag (oder am besten gleich mehrere) auf einem Online-Fachportal zu veröffentlichen, denn so lässt sich Ihr Projektergebnis ebenfalls bekannt machen. Prüfen Sie die Online-Plattform allerdings gründlich auf Seriosität. Sie sollte zudem einen Bezug zum Thema Ihres Projekts haben.

6.1.3 Dokumentation

Die Dokumentation eines Projekts ist neben der mündlichen Ergebnispräsentation und einer wie auch immer gearteten Veröffentlichung zumeist das Einzige, was Ihr Stakeholder von Ihrem Projekt wirklich wahrnehmen und als Maßstab für die Bewertung Ihrer geleisteten Arbeit heranziehen kann.

Es genügt daher nicht, erst am Ende des Projekts mit der Dokumentation Ihrer Ideen, Konzepte und Ausführungen zu beginnen. Vielmehr müssen Sie während des gesamten Projektverlaufs kontinuierlich Ihren Arbeitsfortschritt protokollieren und getroffene Entscheidungen mit Begründung schriftlich fixieren. Zudem sollten Sie in regelmäßigen Abständen Zwischenergebnisse speichern und den aktuellen Sachstand notieren.

Dokumentieren Sie Ihr Projekt immer so, als würden Sie es nicht nur für sich selbst, sondern auch für andere tun. Dieser Vorsatz wird Ihnen helfen, sich nicht in Projektdetails zu verlieren und sich klar und auch für Laien (das ist jeder, der nicht so intensiv in Ihrem Projekt drinsteckt wie Sie selbst) verständlich auszudrücken.

Die in Kapitel drei, vier und fünf vorgestellten Werkzeuge helfen Ihnen dabei, Ihre Projektresultate von Anfang an systematisch und bereits während des Projektverlaufs zu dokumentieren. Wenn Sie die vorgestellten Projektmanagement-Tools intensiv nutzen und mit einer definierten Ordnungsstruktur arbeiten, werden Sie sich am Ende des Projekts sehr viel Zeit und Mühe sparen.

Ihren Abschlussbericht, den Sie für die allermeisten Studienprojekte zusätzlich zum eigentlichen Projektergebnis übergeben müssen, können Sie aus den bereits im Projektverlauf angefertigten Dokumenten zusammenstellen. Fassen Sie dazu zunächst die *Ausgangssituation* des Projekts zusammen. Beschreiben Sie den Status quo, welcher Ihren Projektrahmen festgelegt hat, den Leistungsumfang und, ganz wichtig, die *Projektziele*. Sollte sich die Ausgangslage oder auch die Zielsetzung im Laufe des Projekts geändert haben, beschreiben und begründen Sie dies unbedingt in Ihrem Abschlussbericht.

Abschlussbericht	
Ausgangs-situation	Wissen über andere Kulturen nur aus Lehrbüchern und Erzählungen; keine eigene interkulturelle Erfahrung
Projektziele	1.) Kennenlernen einer anderen Kultur
	2.) Absolvierung eines Auslandssemesters, für welches die CPs an der eigenen Uni in D. anerkannt werden
	3.) Neue Freunde finden
Projekt-verantwortung	1.) Lisa (verantwortlich für Reiseplanung)
	2.) Max (verantwortlich für Finanzen)
	3.) Tina (verantwortlich für Studienaufenthalt)

Projektphasen & Meilensteine	1.) Orientierungsphase Zielland, Ort und Universität stehen fest	
	2.) Planungsphase Vorbereitungen für Reise und Aufenthalt abgeschlossen	3.) Finanzierungsphase benötigtes Kapital gesichert
	4.) Studienphase (im Ausland) Semester mit notwendigen Qualifikationen abgeschlossen	
	5.) Rückkehrphase wieder Zuhause angekommen	

Projektstruktur	1.) Reiseplanung (Hin- und Rückreise)
	2.) Finanzen
	3.) Organisation vor Ort
	4.) Studieninhalte
	5.) Spracherwerb

Ergebnis	quantitativ	qualitativ
	6 Monate Auslandserfahrung	1000 neue Eindrücke
	Sprachniveau von 3 auf 1 verbessert	viele neue Freunde

Lessons Learned	1.) Von vornherein 10% mehr Budget einplanen
	2.) Verantwortlichkeiten eindeutig verteilen /Aufgaben klar benennen
	3.) Mehr Zeit für private Reise nach dem eigentlichen Semester

Appendix	1.) Informationen über Land, Universität & Studiengang
	2.) Zusammenfassungen der besuchten Lehrveranstaltungen
	3.) Prüfungsergebnisse

Tab. 23: Abschlussbericht für das Projekt: Durchführung eines Auslandssemesters

Listen Sie weiter alle Personen, die am Projekt (wenn auch nur zeitweise oder themenspezifisch) mitgearbeitet haben, auf. Vergessen Sie nicht zu erwähnen, wer für was im Projekt verantwortlich war. Je nach Teamgröße können Sie sogar ein Projektorganigramm hinzufügen.

Skizzieren Sie detailliert den **Projektverlauf**. Stellen Sie dar, in welche Phasen sich das Projekt untergliedert hat, welche Meilensteine im Vorfeld definiert wurden und wie und wann diese erreicht wurden.

Beschreiben Sie das **Projektergebnis** aus Ihrer Sicht. Vergleichen Sie es dazu mit der Zielsetzung des Projekts. Wurde diese erreicht? Wenn ja, mit den geplanten Mitteln und in der geplanten Zeit? Wenn das Projektziel nicht erreicht wurde, begründen Sie ausführlich, warum es nicht erreicht und was stattdessen gemacht wurde.

Schließen Sie den Bericht mit sogenannten **Lessons Learned** [28] ab. Darunter zu verstehen sind Erkenntnisse aus dem Projektverlauf und Konsequenzen, die Sie daraus ziehen. Diese sollen Ihnen bei zukünftigen Projekten helfen, einmal begangene Fehler nicht ein zweites Mal zu wiederholen.

Je nach Bedarf und Anforderung des Auftraggebers können Sie im Appendix Ihres Abschlussberichts Hintergrundinformationen und Auszüge aus dem Projekt unterbringen.

Praxistipp

Auch wenn Sie keinen offiziellen Abschlussbericht für Ihr Projekt anfertigen müssen: Machen Sie es trotzdem und nehmen Sie sich genügend Zeit dafür.

- Sammeln,
- ordnen und
- benennen

Sie alle im Projekt erstellten Dokumente. Überprüfen Sie, was eventuell doppelt (oder sogar dreifach) vorliegt. Löschen Sie alles, was nicht mehr benötigt wird, und sichern Sie alles, was zukünftig noch einmal von Relevanz sein könnte, auf einem externen Speichermedium ab.

Sie werden überrascht sein, was, wie viel und vor allem wie schnell Ihnen Ihre einmal erstellten Projektunterlagen auch für andere Projekte nützlich sein können. Und: Sie werden sich glücklich schätzen, mit ein bis zwei Klicks genau das wieder zu finden, was Sie gerade suchen.

---

[28] Aus dem Englischen: Gewonnene Erkenntnisse; eine Begrifflichkeit aus dem Projektmanagement, die sich auf Wissensmanagement bezieht.

6.2 Bewertung

„Alles messen, was messbar ist – und messbar machen, was noch nicht messbar ist."

Galileo Galilei

Zu jedem guten Projektabschluss gehört eine Auswertung des Projektverlaufs. Ziel dieser ist es zu überprüfen, inwieweit die gesteckten Projektziele erreicht wurden. Gleichzeitig dient es dazu, die benötigten Ressourcen sowie die benötigte Zeit mit den im Rahmen der Projektplanung festgelegten Soll-Größen abzugleichen.

Auf der sogenannten Sachebene stehen dabei Kennzahlen im Vordergrund, welche Sie aus den während der Projektdurchführung angefertigten Statusberichten ableiten können. Gleichzeitig lohnt ein Blick in das Projekttagebuch. Dadurch wird deutlich, ob ein Projekt planmäßig verlief oder ob es größere Abweichungen gab. Gleichzeitig zeigt sich, ab wann und vor allem warum das Projekt aus dem Ruder gelaufen ist. Dies hilft Ihnen zu verstehen, wann und wie Sie hätten eingreifen und gegensteuern müssen.

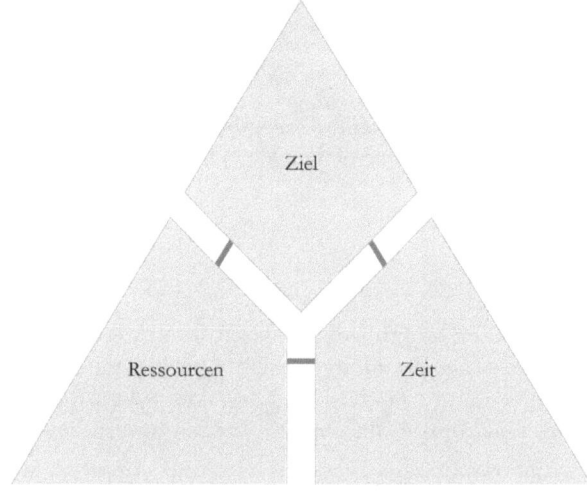

Abb. 34: Rückblick auf das Projekt-Dreieck

Deutlich wird aber auch, welche Entscheidungen und Vorgehensweisen richtig waren und letztendlich zum Projekterfolg geführt haben. Auf dieser Basis können Sie Ihre im Projekt gemachten Erfahrungen in Form von Lessons Learned formulieren und für zukünftige Projekte notieren.

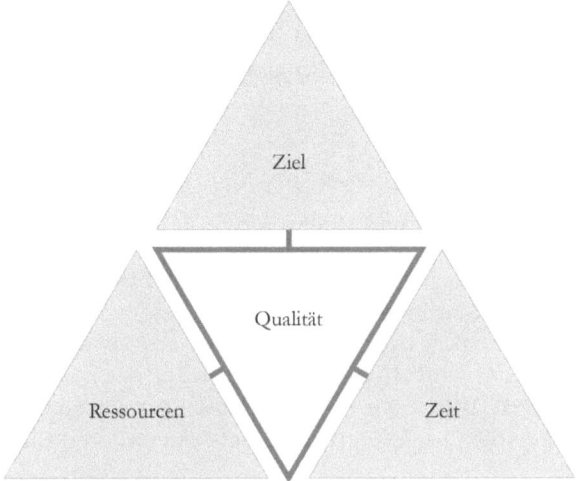

Abb. 35: Erweitertes Projekt-Dreieck

Neben den drei Determinanten Ziele, Ressourcen und Zeit ist für den Projekterfolg die Qualität des Projekts von entscheidender Bedeutung. Da diese
im Vorfeld noch nicht definiert werden kann, sondern erst im Nachhinein
beurteilt wird, bietet es sich an, das Projekt-Dreieck für die Bewertung, um
eine weitere Komponente zu ergänzen. Es wird deutlich, dass auch die Beurteilung des Projekterfolgs im engen Bezug zwischen Ziel, Zeit und Ressourcen erfolgen muss. Keine Komponente kann für sich allein ein Projekt
zu einem erfolgreichen Projekt machen. Wenn nur eine Komponente nicht
positiv bewertet werden kann, wird dies automatisch Auswirkungen auf die
Qualität des gesamten Projekts haben.

Beispiel aus dem Studienalltag

Wenn Sie für das Verfassen einer Hausarbeit anstatt der vorgegeben
drei Monate insgesamt sechs Monate benötigen, kann das Projekt
nicht als Erfolg verbucht werden. Sie haben vielleicht ein großartiges
Ergebnis erarbeitet mit exzellentem Inhalt, aber im schlimmsten Fall
wird es von Ihrem Stakeholder (dem Dozenten) gar nicht erst betrachtet, da Sie die zeitliche Komponente nicht beachtet und die Abgabefrist
überschritten haben.

Wenn Sie die gleiche Hausarbeit, welche exemplarisch das Ziel hatte,
den Unterschied zwischen primärer und sekundärer Forschungsarbeit
darzustellen, innerhalb der gesetzten Zeit mit den benötigten Ressour-

cen erledigen, die Qualität des abgelieferten Schriftstückes aber so schlecht ist, dass Ihr Stakeholder (der Dozent) diese mit der Note „mangelhaft" bewertet, ist das Projekt ebenfalls nicht erfolgreich gewesen.

Neben der Sachebene, welche zur Bewertung eines jeden Projekts betrachtet werden muss, gibt es noch die sogenannte Beziehungsebene[29]. Auf dieser beurteilen Sie selbst sowie andere den Ablauf des Projekts, unabhängig davon, wie der Stakeholder das Projektergebnis objektiv bewertet hat. Hierbei geht es darum herauszufinden, was im Projekt gut lief und was noch nicht so gut funktioniert hat. Daraus können Sie ableiten, was Sie für zukünftige Projekte beibehalten wollen und was Sie sich für das nächste Projekt vornehmen zu ändern. Wichtig ist, dass Sie diese Einschätzung nicht nur aus Ihrer eigenen Perspektive, sondern auch mindestens durch eine andere Sicht vornehmen.

6.2.1 Selbsteinschätzung

Sie können die Selbsteinschätzung als eine Art „Spiegel" verstehen. Werfen Sie einen Blick zurück auf den Projektverlauf und fokussieren Sie sich auf explizite Projektsituationen, die Ihnen im Gedächtnis geblieben sind. Solche Momente sind Schlüsselsituationen, anhand derer Sie gut Ihr eigenes Verhalten bewerten können.

Betrachten Sie dabei immer verschiedene Aspekte der Situation, wie z.B. die Arbeitsqualität, die Sie geleistet haben. Ebenfalls wichtig sind Ihre Einsatzbereitschaft für das Projekt sowie Ihre Zuverlässigkeit. Wenn das Projekt im Team erarbeitet wurde, sollten Sie unbedingt auch Ihre Teamfähigkeit reflektieren.

Die Beurteilung selbst nehmen Sie auf Grundlage einer Skala vor. Dabei kann es sich um Schulnoten handeln, es kann aber auch eine Punkteskala sein.

Versuchen Sie sich parallel zu jedem Aspekt ein paar kurze Notizen zu machen, damit Sie auch später noch wissen, warum Sie sich in der jeweiligen Situation so und nicht anders bewertet haben. Gleichzeitig hilft es Ihnen, wenn Sie Ihre Einschätzung mit einer Fremdsicht vergleichen wollen.

---

[29] In Anlehnung an: Meyer, H./Reher, H.J.: Projektmanagement, 2016.

Aspekt	Bewertungsfragen	Note (Skala 1-6)	Kommentar
Arbeits-qualität	In welchem Maße entsprachen Ihre Arbeitsergebnisse den Anforderungen der Projektdefinition?	2	Meine Arbeitsergebnisse entsprachen im Allgemeinen den Projektanforderungen.
Einsatzbereitschaft	Wie hoch waren Ihr Engagement und Ihre Ausdauer bei der Erledigung der Aufgaben? In welchem Maße haben Sie Aufgaben freiwillig zusätzlich übernommen?	1	Ich habe mich für das Projekt aufgeopfert und nicht nur meine eigenen, sondern häufig auch die Aufgaben der anderen erledigt.
Zuverlässigkeit	Wie zuverlässig haben Sie Ihre Aufgaben erledigt (z.B. Einhaltung von Terminen, Erledigung von abgesprochenen Aufgaben etc.)?	1	Ich habe oft bis spät in die Nacht gearbeitet, um meine eigenen und die Aufgaben der anderen pünktlich fertig zu stellen.
Teamfähigkeit	Wie gut hat die Zusammenarbeit mit anderen Projektmitgliedern funktioniert?	4	Ich empfand die Zusammenarbeit mit dem Projektteam als anstrengend. Nicht immer schienen alle dasselbe Ziel(-niveau) vor Augen zu haben.

Tab. 24: Selbsteinschätzung für das Projekt: Halten eines Referats in der Gruppe

6.2.2 Fremdeinschätzung

Um festzustellen, ob Sie mit Ihrer Selbsteinschätzung richtig liegen, sollten Sie mindestens von einer Person ein Feedback einholen. Dabei wird es sich meist um ein anderes Projektmitglied oder Ihren Stakeholder handeln. Sollte beides nicht möglich sein, fragen Sie jemanden, der Sie in dieser intensiven Zeit des Projekts begleitet hat, z.B. ein Freund, dem Sie immer wieder von Ihrem Projekt berichtet haben.

Sie werden feststellen, dass auch Personen, die nicht direkt am Projektgeschehen beteiligt sind, Sie und Ihre Leistung sehr gut einschätzen können, zumeist weil sie nicht direkt involviert und damit selbst betroffen sind.

Aspekt	Bewertungsfragen	Note (Skala 1-6)	Kommentar
von: Lisa			
für: Paul			
Arbeits- qualität	In welchem Maße entsprachen ihre/seine Arbeitsergebnisse den Anforderungen der Projektdefinition?	1	Pauls Arbeitsergebnisse waren die besten des ganzen Teams.
Einsatz- bereit- schaft	Wie hoch war ihr/sein Engagement und ihre/seine Ausdauer bei der Erledigung der Aufgaben? In welchem Maße hat sie/er Aufgaben freiwillig zusätzlich übernommen?	3	Paul hat sich sehr stark für das Projekt engagiert. Leider hat er manchmal vergessen, dass wir anderen auch unsere Beiträge leisten können und wollen.
Zuverläs- sigkeit	Wie zuverlässig hat sie/er ihre/seine Aufgaben erledigt (z.B. Einhaltung von Terminen, Erledigung von abgesprochenen Aufgaben etc.)?	4	Pauls Ergebnisse kamen häufig zu spät, da er noch endlos daran weiterarbeiten wollte und selten pünktlich ein Ende finden konnte.
Team- fähigkeit	Wie gut hat sie/er mit den anderen Projektmitgliedern zusammengearbeitet?	2	Paul war eine echte Stütze für das Projekt, da er stets den Projektauftrag, die Zielsetzung und die Zeitplanung im Kopf hatte.

Tab. 25: Fremdeinschätzung für das Projekt: Halten eines Referats in der Gruppe

Versuchen Sie für die Fremdeinschätzung dieselben Bewertungsaspekte und -skala wie für Ihre Selbsteinschätzung heranziehen. Das hat den Vorteil, dass Sie nun in der Lage sind, Selbstbild und Fremdbild miteinander zu vergleichen.

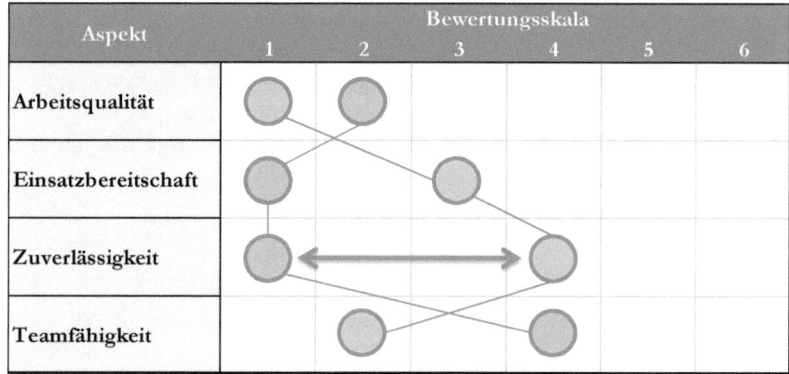

Aspekt	Bewertungsskala					
	1	2	3	4	5	6
Arbeitsqualität						
Einsatzbereitschaft						
Zuverlässigkeit						
Teamfähigkeit						

Abb. 36: Selbstbild versus Fremdbild

Eine Gegenüberstellung der Ergebnisse hilft Ihnen zu verstehen, wie gut Ihre Selbsteinschätzung war und ob Sie sich auf Ihr eigenes Gefühl verlassen können. Fokussieren Sie sich bei der Auswertung des Vergleichs auf die Bereiche mit den größten Diskrepanzen und versuchen Sie herauszufinden, wie es dazu kommt. Die Kommentare aus der Selbst- und Fremdeinschätzung helfen Ihnen dabei verstehen, warum eine Bewertung so und nicht anders ausgefallen ist. Bei sehr vielen und sehr großen Diskrepanzen scheuen Sie nicht davor, das Gespräch mit dem Beurteilenden zu suchen. Nur so können Sie verstehen und lernen, was Sie beim nächsten Mal besser machen können.

Betrachten Sie die Projektbewertung als Teil der Projektdokumentation und bewahren Sie diese ebenfalls für zukünftige Projekte auf.

6.3 Auflösung

„Der Ausgang gibt den Taten ihre Titel."

Johann Wolfgang von Goethe

Zum Abschluss des Projekts beenden der Projektleiter und das Projektteam ihre Tätigkeit. Alle einberufenen Gremien, Arbeitskreise und Projektgruppen werden aufgelöst. Zumeist geschieht dies nicht schlagartig an einem Tag, sondern nach und nach. Die Auflösung eines Projekts kann sich also über einige Zeit (je nach Gesamtdauer des Projekts) hinziehen.

Offizieller Beginn der Auflösung ist die Übergabe der Projektergebnisse und des Abschlussberichts an den Auftraggeber. Mit der Abnahme erfolgt gleichzeitig die Entlastung des Projektleiters. Die Verantwortung für das

Projekt und das Projektergebnis liegen nun nicht mehr bei Ihnen, sondern bei Ihrem Auftraggeber. Ab sofort können die übrigen Projektressourcen für eventuell anstehende neue Projekte freigegeben werden. In der Regel verlassen aber nicht alle Projektmitglieder gleichzeitig das Projekt. Meist bleibt ein Kernprojektteam zurück, welches die abschließende Projektdokumentation vornimmt.

Gestalten Sie das Ende Ihres Projekts bewusst. Jedes Projekt muss einmal zu Ende gehen, das ist allein schon der Definition von Projekt geschuldet. Und trotzdem ist dieser Umstand nicht so selbstverständlich wie er zunächst scheinen mag. In der Praxis gibt es unzählige Beispiele für Projekte, die nicht zu Ende geführt werden. Stattdessen plätschern sie vor sich hin, obwohl es bereits Routinetätigkeiten sind oder einfach ergebnislos im Sande verlaufen.

Da jedes Ende auch immer mit etwas Wehmut behaftet ist, feiern Sie Ihren Projektabschluss. Feiern Sie Ihren Erfolg. Feiern Sie mit dem gesamten Projektteam, denn jedes gelungene Projekt verlangt einen würdigen Abschluss.

Checkliste für den Projektabschluss

- ☐ Ist die Übergabe der Projektergebnisse (z.B. in Form eines Abschluss-Meetings) koordiniert und zeitlich terminiert?
- ☐ Haben Sie den Projekthintergrund und die wichtigsten Ergebnisse in einer Ergebnispräsentation zusammengestellt?
- ☐ Haben Sie Maßnahmen zur Veröffentlichung und Vervielfältigung Ihrer Projektergebnisse angestoßen?
- ☐ Haben Sie eine Projektdokumentation in Form eines Abschlussberichts erstellt?
- ☐ Haben Sie den Abschlussbericht (wenn nötig) an den Auftraggeber übergeben?
- ☐ Hat der Auftraggeber (oder die Stakeholder) das Projekt(-ergebnis) abgenommen?
- ☐ Gibt es ein Abnahmeprotokoll, welches noch offene Punkten, die nachgereicht werden müssen, enthält?
- ☐ Sind alle abschließenden Maßnahmen mit den zuständigen Verantwortlichkeiten abgestimmt und Termine zur Fertigstellung definiert?
- ☐ Wurden der Projektleiter und/oder das Projektteam entlastet?
- ☐ Hat eine Bewertung des Projekts (Selbst- und Fremdeinschätzung) stattgefunden?

☐ Ist dokumentiert, was im Projekt gut lief, welche vermeidbaren Fehler es gab und was zukünftig besser laufen könnte (Lessons Learned)?

☐ Gab es einen emotionalen Abschluss mit offizieller Auflösung des Projekts, z. B. ein Fest?

7 Schlüsselkompetenzen für das Projekt Online-Studium

Lernziele

- Warum ist das Online-Studium ein besonderes Projekt?
- Welche Schlüsselkompetenzen sind notwendig, um das Projekt Online-Studium erfolgreich zu meistern?

7.1 Nicht verzweifeln – Veränderung als Chance sehen

„Wer immer tut, was er schon kann, bleibt immer das, was er schon ist."

Henry Ford

Seit Jahren beschäftigt sich Deutschland mit der Planung, Förderung und Umsetzung von Digitalisierungskonzepten. Die Digitalisierung betrifft schon längst nicht mehr nur Unternehmen, sondern auch staatliche Institutionen sowie das Gesundheitswesen und erstreckt sich nahezu auf alle Lebensbereiche. Neue oder veränderte Geschäftsmodelle entstehen: Autos werden per App geteilt, Sprachen werden online gelernt, Musik und Filme werden gestreamt. Die digitale Transformation hat das Leben bereits grundlegend verändert. Abläufe werden schneller und einfacher, die technologischen Entwicklungen sind rasant und beeinflussen das Informations-, Kommunikations- und Konsumverhalten der Menschen. Im alltäglichen Leben ist es selbstverständlich, digitale Medien zu nutzen. Online-Games, Streaming-Dienste, Messenger-Services und Social Media prägen unser aller Freizeitverhalten.

Mit dem steigenden Anspruch an die Nutzung von digitalen Medien steht auch das Bildungswesen vor einer neuen Herausforderung. Mit dem 2019 verabschiedeten „DigitalPakt Schule" hält die Digitalisierung auch endlich Einzug in deutsche Bildungseinrichtungen: Intelligente Whiteboards werden in den Schulen installiert, digitale Arbeitsplätze in den Bibliotheken geschaffen, die ersten Schritte zu intelligenten Lehrmethoden unternommen. Dennoch ist es um digitale Formate in der Lehre an den Hochschulen Deutschlands vielfach noch schlecht bestellt. So hatte das „Hochschulforum Digitalisierung" im vergangenen Jahr festgestellt, dass vielen Hochschulen die Entwicklung von digitalen Vorlesungen personell, technisch und didaktisch zu aufwendig ist. Deutschland scheint auf der Stelle zu treten.

Und dann plötzlich – quasi über Nacht – bringt die Corona-Pandemie das deutsche Bildungssystem zum Erliegen. Homeschooling und Homestudying sind Begrifflichkeiten, die erst einmal neu erfunden und im deutschen Sprachgebrauch etabliert werden müssen. Die Corona-Pandemie, mit all ihren Auswirkungen und den daraus resultierenden Fragestellungen, stellt das deutsche Bildungswesen vor eine nie dagewesene Herausforderung. Die Welt scheint im ersten Moment stillzustehen, bevor sie sich plötzlich rasend schnell zu drehen beginnt. Innerhalb weniger Tage müssen Regierung, Schulen und Universitäten Pläne für digitale Vorlesungen entwickeln, Plattformen zum Austausch müssen geschaffen, neue Strukturen und Prozesse festgelegt werden.

Erstmals stellt sich die Frage nach der technischen Ausstattung der Lehrenden und Lernenden, sprich der Dozenten und Studenten. Reicht die

Bandbreite aus, um digitale Lehr-Veranstaltungen zu halten und an diesen teilzunehmen? Hat jeder Student das passende technische Equipment, um dem Unterricht folgen zu können? Halten die Universitätsserver dieser Auslastung stand? Im ersten Schritt wird der Semesterbeginn in vielen Bundesländern verschoben. Damit gewinnen alle Beteiligten Zeit, um das Nötigste zu organisieren und den neuen Alltag zu strukturieren.

Vor allem Sie als Student werden nun stark gefordert, nicht nur, weil Ihr bisheriger Alltag auf den Kopf gestellt wird. War bis jetzt der Uni-Alltag durch vielerlei Vorgaben geregelt, müssen Sie sich plötzlich neben den Lerninhalten mit ganz anderen Themengebieten beschäftigen. Zeit, das Ruder selbst in die Hand zu nehmen, neue Strukturen und Prozesse für Ihr Projekt Online-Studium zu entwerfen, Zeit, einen eigenen Projektplan für das kommende digitale Semester zu erarbeiten. Gleichzeitig müssen Sie dafür Sorge tragen, dass Sie stets motiviert und mit Engagement am Ball bleiben.

Solch stark einschneidende Veränderungen können einerseits als Chance für etwas Neues empfunden, andererseits als völlige Katastrophe wahrgenommen werden. Sie verlangen auf jeden Fall einiges von Ihnen ab.

Praxistipp

Nehmen Sie sich einmal einige Minuten Zeit und überlegen Sie, welche Vorstellung Sie von einem digitalen Semester haben. Was verbinden Sie damit? Handelt es sich eher um Befürchtungen oder sehen Sie der Herausforderung eher sorglos entgegen?

Warum ist es wichtig, dass Sie sich frühzeitig ein Bild vom digitalen Semester, Ihren damit verbundene Sorgen und Ängsten, Vorstellungen und Ideen machen? Die Antwort auf diese Frage ist relativ einfach: Ihre individuellen Vorstellungen wirken sich darauf aus, wie Sie an die nun anstehenden Studienprojekte herangehen, wie Sie mit möglichen Problemen und Hindernissen umgehen und die Chancen für sich nutzen werden. Beim Formen von Vorstellungen greifen Sie dabei auf verschiedene Quellen wie zum Beispiel persönliche Erfahrungen zurück. Liegen diese nicht vor, werden Sie Vergleiche zu Situationen mit ähnlichen Anforderungen ziehen oder sich auf Erfahrungen anderer – meist nahestehender Personen mit ähnlichen Fähigkeiten – berufen.

Auf diese Weise lassen sich die verschiedenen Vorstellungen vom rein digitalen Arbeiten erklären. Vielleicht ist die Situation für Sie gänzlich neu, andere Studierende haben bereits erste Erfahrungen mit digitalem Arbeiten gemacht. Und auch wenn Sie kein Digital Native sind, liegen Ihnen doch bereits vielerlei Informationen vor, die sich auf die Vorstellung eines digitalen Semesters auswirken und Hinweise über Chancen und Risiken geben, die im Online-Studium auftreten können.

> **Praxistipp**
>
> Würden Sie nun die von Ihnen angefertigte Liste mit denen Ihrer Kommilitonen vergleichen, fiele Ihnen mit Sicherheit auf, dass es einerseits Probleme gibt, die andere Studenten mit Ihnen teilen, aber auch Risiken, die nur Ihnen aufgefallen sind. Ebenso verhält es sich mit den wahrgenommenen Chancen, die die neue Situation für Sie mit sich bringen kann. Dies ist völlig natürlich und in erster Linie von den bereits erlebten Situationen und Erfahrungen abhängig, aber auch von Ihrem persönlichen Naturell.

Nutzen Sie das erworbene Wissen, um sich der neuen Herausforderung zu stellen. Vertrauen Sie auf Ihre eigenen Fähigkeiten, suchen Sie den Austausch mit anderen Studierenden, um mögliche Probleme zu lösen, unterstützen Sie sich gegenseitig.

Bitte bedenken Sie stets: „Es ist noch kein Meister vom Himmel gefallen". Nicht alles kann von Anfang an perfekt laufen. Verzweifeln Sie nicht, wenn mal etwas schief geht, geben Sie nicht auf, wenn die ersten neu gedachten digitalen Prozesse und Strukturen noch nicht perfekt passen. „Übung macht den Meister!" Lassen Sie sich auf diese Art des Studierens ein! Richten Sie Ihr Augenmerk auf die Chancen, die diese Herausforderungen mit sich bringen und vergessen Sie nicht, sich zwischendurch für Ihre geleistete Arbeit und Ihre erreichten Ziele zu belohnen.

7.2 Tipps zur Selbstorganisation im Online-Studium

„Gegenüber der Fähigkeit, die Arbeit eines einzigen Tages sinnvoll zu ordnen, ist alles andere im Leben ein Kinderspiel."

Johann Wolfgang von Goethe

Selbstorganisation bedeutet in erster Linie sich selbst und die eigenen Projekte zu managen, das heißt Strukturen und Prozesse zu schaffen, die Sie benötigen, um ein bestimmtes Ziel für sich und ihre Projekte zu erreichen.

Im Rahmen Ihres Studiums gibt es viele festgelegte Strukturen und Abläufe (Semesterpläne, Ablauf von Lehrveranstaltungen, Seminaren und Work-

shops, Abgabetermine für Hausarbeiten, Hin- und Rückwege zum Unige-
lände), die Ihren Alltag und Ihr Lernverhalten beeinflussen.

Im Rahmen der Corona-Pandemie stehen Sie nun vor der Herausforderung,
die gegebenen Strukturen und Prozesse an die neue Situation anzupassen.
Bisweilen wurde Ihnen die Organisation Ihres Studiums weitestgehend
durch externe Personen, also die Dozenten und die gesamte Universitäts-
verwaltung vordefiniert. Durch Semester- und Terminpläne waren Abläufe
klar gegliedert, Ihr Tagesablauf von Routine bestimmt. Nun gilt es das Ruder
selbst in die Hand zu nehmen. Präsenz-Veranstaltungen werden plötzlich zu
digitalen Vorlesungen, Anfahrtswege zur Universität und Laufwege zwischen den Vorlesungen entfallen, Gruppenarbeiten oder Vorbereitungen auf
Referate in Form von gemeinsamen Treffen benötigen neue Organisations-
ideen. Die Maßnahmen der Corona-Pandemie haben damit nicht nur Auswirkungen auf Ihr Lern- und Organisationsverhalten, sondern auch auf Ihr
soziales Leben. Gemeinsame Pausen mit Kommilitonen, der morgendliche
Kaffee in der Cafeteria, das Schwätzchen zwischendurch – nichts davon findet mehr wie gewohnt statt.

Beginnen Sie damit Ihren Tag neu zu strukturieren und neue (digitale) Prozesse für Ihren Arbeitsmodus festzulegen. Bei dieser Selbstorganisation hilft
es Ihnen sich an den folgenden Prinzipien zu orientieren.

Praxistipps

[1]   Schriftlichkeit – Mit To-Do-Listen zum Erfolg

Was simpel klingt, erzeugt oft eine große Wirkung. Gerade das Auf-
schreiben von wichtigen Aufgaben, Terminen und Deadlines ist der
erste große Schritt zur Selbstorganisation. Es schafft nicht nur Frei-
raum im Kopf, sondern sorgt dafür, dass Sie zu jeder Zeit den Überblick behalten und nichts vergessen. Schon das Erstellen einer To-Do-
Liste ermöglicht Ihnen eine konzentrierte und effektive Arbeitsweise.
Zudem verschafft es Ihnen ein befriedigendes Gefühl, wenn Sie die
einzelnen Punkte auf der Liste abhaken können und damit visualisieren, was Sie schon alles erreicht und erledigt haben.

[2]   Regelmäßigkeit – Schaffen Sie Routine

Durch das Prinzip der Regelmäßigkeit schaffen Sie in Ihrem neu strukturierten Alltag eine Routine. Sie verinnerlichen Abläufe, erkennen
Synergieeffekte, können Prozesse optimieren und ähnliche Tätigkeiten zusammenfassen. Dies führt im besten Fall zu Zeitersparnissen, die
Sie wiederum anders einsetzen können.

[3]   **Einfachheit – As simple as possible**

Selbstorganisation soll Ihnen Ihren Alltag erleichtern und nicht verkomplizieren. Einfachheit ist die Devise. Verzetteln Sie sich nicht bis ins kleinste Detail, denken Sie in großen Strukturen. Überorganisation ist mindestens genauso schlimm wie keine Organisation.

[4]   **Kontinuität – Bleiben Sie am Ball**

Selbstorganisation – wie alles im Leben – kommt leider nicht von heute auf morgen. Nehmen Sie sich genügend Zeit, um sich an die neuen Abläufe und Strukturen zu gewöhnen. Verzweifeln Sie nicht, wenn etwas nicht sofort so funktioniert, wie Sie es sich vorgestellt haben. Mit ein bisschen Übung und Erfahrung erreichen Sie Ihre Ziele ganz sicher und profitieren von Ihrer neuen Selbstorganisation.

[5]   **Konzentration – Lassen Sie sich nicht ablenken**

Ablenkung ist der größte Feind der Selbstorganisation. Sie werden sehr schnell feststellen, dass beim Online-Studium die Ablenkungsquellen viel größer sind als bei einer Präsenz-Veranstaltung. Schalten Sie das Handy und den Fernseher aus, auch Musik ist eine größere Ablenkungsquelle als Sie denken. Fokussieren Sie sich auf die Sache, die Sie gerade tun, beenden Sie eine Aufgabe bevor Sie mit einer neuen beginnen. Nur wenn Sie es schaffen, sich auf Ihre Arbeit zu konzentrieren, werden Sie die gewünschten Ergebnisse erzielen und die eigene Selbstorganisation kontinuierlich verbessern.

7.2.1 Organisationstypen

Da Sie sich in ihrem Projekt Online-Studium nun selbst organisieren müssen, ist es hilfreich zu wissen, welcher Organisationstyp Sie sind. Grundsätzlich spricht man von drei verschiedenen Organisationstypen, allerdings sind diese sehr plakativ und kommen selten in Reinform vor. Verschiedene Abstufungen oder auch Mischtypen sind denkbar.

Der strukturierte Organisationstyp

Der Strukturierte ist ein Perfektionist. Sein Alltag ist völlig durchorganisiert, er handelt vorausschauend und arbeitet nicht nur mit Tages-, sondern mit Wochen- und Monatsplänen. Sein Arbeitsplatz ist stets ordentlich und sauber, sein Ablagesystem für Lernunterlagen und Co. durchdacht. Der strukturierte Organisationstyp ist diszipliniert, leistungsorientiert und zielgerichtet. Er arbeitet lieber allein als in der Gruppe. Struktur und Ordnung bieten ihm einen geschützten Rahmen, in dem er sich sicher und wohl fühlt. Kontrollverlust und Überraschungen führen ihn in eine Krise.

Praxistipp (für den strukturierten Organisationstyp)

Die Neustrukturierung Ihres Alltags im Rahmen der Corona-Pandemie stellt Sie sicherlich vor eine große Herausforderung. Sie müssen nun Ihre Komfortzone und damit Ihre bewährten und sicheren Strukturen verlassen. Doch verzweifeln Sie nicht, viele Dinge können Sie leicht abgeändert auf die neue Situation übertragen. Sicherlich werden Sie sich durch Ihr großes Knowhow und Ihren Erfahrungsschatz sehr schnell neu organisieren. Vielleicht nutzen Sie die Herausforderung als Chance sich selbst mehr Freiräume zu schenken und sich somit einen Ausgleich zu schaffen.

Der chaotische Organisationstyp

Der Chaot hat 1000 Dinge im Kopf, fängt viele Projekte an, macht kaum eines davon fertig. Er ist unordentlich, unstrukturiert und unpünktlich. Das ist der Grund, warum er häufig Dinge vergisst oder sich an unnötigen Kleinigkeiten aufhält. Seine Unstrukturiertheit hat allerdings auch einen Vorteil: Er kann sich schnell und flexibel auf neue Situationen einstellen. Er ist spontan und probiert gerne neue Dinge aus. Interessanterweise beherrscht er sein Chaos, auch wenn sein Ablagesystem für Außenstehende nicht vorhanden zu sein scheint.

Praxistipp (für den chaotischen Organisationstyp)

Ein bisschen Chaos ist liebenswert und menschlich. Allerdings könnten Sie das Online-Studium für sich nutzen, um aus alten Mustern auszubrechen und neue Wege (wenigstens teilweise) zu gehen. Vielleicht gefallen Ihnen Teilaspekte der Selbstorganisation, die Sie für Ihren Alltag nutzen möchten? Da Sie offen und aufgeschlossen gegenüber Neuem sind, dürfte es Ihnen leichtfallen, sich auf diesem Gebiet zu orientieren und etwas in Ihrem Leben zu verändern. Seien Sie mutig und kreativ, aber bleiben Sie auf jeden Fall so wie Sie sind.

Der unzufriedene Organisationstyp

Der Unzufriedene fühlt sich im Gegensatz zum Strukturierten und dem Chaoten in seinem Leben nicht wohl. Er ist in der Regel unausgeglichen und gestresst. Dieser Typ strebt nach Struktur und Ordnung, kann dies aber nicht in allen Lebensbereichen umsetzen. Er nimmt sich meist zu viel vor, kann dabei keine Prioritäten setzen, verzettelt sich in Details und verliert den Überblick für das Große und Ganze.

Praxisstipp (für den unzufriedenen Organisationstyp)

Es ist wichtig, dass Sie nicht zu viel von sich selbst erwarten. Beginnen Sie in kleinen Schritten eine Struktur aufzubauen z.B. mit einer To-Do-Liste oder einem Tagesplan, greifen Sie nicht gleich nach den Sternen. Vielleicht suchen Sie sich einen Sparringspartner, mit dem Sie sich austauschen können und der Sie dabei unterstützt am „Ball zu bleiben". Das Wichtigste für Sie ist Geduld: Eine Veränderung wird irgendwann zur Gewohnheit. Belohnen Sie sich für erreichte Zwischenergebnisse und tun Sie sich etwas Gutes.

7.2.2 Der richtige Organisationsgrad

Wenn Sie nun die ersten Schritte in Richtung Selbstorganisation unternehmen, ist es wichtig, den passenden Organisationsgrad zu wählen. Sie wollen Ihr Leben einerseits sicherlich nicht überorganisieren, Freiräume und Flexibilität waren und bleiben wichtig, andererseits soll sich Ihre Mühe lohnen und Sie möchten von den Vorteilen des Selbstmanagements profitieren.

Von Unterorganisation spricht man, wenn Strukturen und Prozesse nicht richtig durchdacht und definiert sind. Sie sind dabei so flexibel, dass neue Aufgaben nicht erst in die vorhandene Struktur eingegliedert, sondern jedes Mal Einzelfall-Entscheidungen getroffen werden. Das Gegenstück ist die Überorganisation. Diese ist so starr, dass Neuerungen ebenfalls nur schwer integriert werden können. Die Folgen sind ein Mangel an Flexibilität, kreativen Freiräumen und daraus resultierend die ersten Motivationsprobleme.

Es gilt also einen gesunden Mittelweg zu finden. Machen Sie sich daher über zwei Dinge Gedanken:

- Was muss / will ich eigentlich alles in meinen (Online)-Studienprojekten organisieren?
- Wie detailliert will und muss ich mein Online-Studium organisieren?

Praxistipp

Um ihren eigenen Organisationsgrad für ihre Studienprojekte zu bestimmen, müssen Sie zu Beginn keinen großen Aufwand betreiben. Nehmen Sie sich ein leeres Blatt Papier und einen Stift und gehen Sie in Gedanken einfach mal Ihren Tagesablauf, die damit verbunden

Tätigkeiten und Aufgaben durch. Dies wird Ihnen helfen zu verstehen auf welchem Detailgrad Sie Aufgaben und Arbeitspakete definieren.

Machen Sie sich einmal bewusst, wie viel Zeit Sie durch digitale Veranstaltungen im Online-Studium gewinnen und welche neuen, ungeahnten Freiheiten Sie erlangen. Während Sie bisher morgens die Anreise zur Uni zeitlich einplanen mussten, können Sie dank Corona den Wecker heute einfach mal etwas später stellen oder die Zeit nutzen, um eine Runde Joggen zu gehen. Ungeduscht und ungeschminkt zur Uni? Einfach mal den Jogginganzug anlassen? – Das Online-Studium macht es möglich.

7.3 Tipps zur Selbstmotivation im Online-Studium

„Verschiebe nicht auf morgen, was genauso gut auf übermorgen verschoben werden kann."

Mark Twain

„Ich lege jetzt gleich los!" „Da habe ich wirklich Lust drauf!" „Das kann ich besonders gut!" All diese Sätze haben etwas gemeinsam. Sie sind Ausdruck von Motivation. Aber was ist Motivation überhaupt?

Motivation ist neben der Lust zur Ausführung einer bestimmten Tätigkeit, der Motor menschlichen Handelns. Motivation mobilisiert Handlungen, gibt diesen eine Richtung und ist damit ein entscheidender Faktor zur Erreichung von festgelegten Zielen.

Motivation ist dabei in verschiedenen Phasen des Handelns wirksam, u.a. spielt sie eine wichtige Rolle bei der Auswahl einer Handlung aus verschiedenen Handlungsalternativen. Sicherlich ist Ihre Motivation höher, Dinge zu bearbeiten, die Ihnen leicht von der Hand gehen und für die Sie sich interessieren, als Themengebiete zu analysieren, die Ihnen kompliziert erscheinen.

Die Motivation hat auch einen großen Einfluss auf Ihre Ausdauer und die Intensität, mit der Sie sich mit Aufgaben beschäftigen. Ein Buch über Hundeerziehung zu lesen ist nicht sonderlich spannend. Haben Sie sich aber gerade einen Hund zugelegt, werden Sie das Buch verschlingen, sich Tipps notieren, gleich versuchen diese umzusetzen, sich sogar an dem neu errungenen Wissen erfreuen. Kurzum Sie sind motiviert.

Motivation ist der Motor des menschlichen Handelns. Motivation setzt also den Grundstein für den Beginn von Handlungen, für die Intensität, mit der einer Handlung nachgegangen wird, sowie für die Aufrechterhaltung der

Handlung (Ausdauer). Prozesse der Motivation sind somit maßgeblich an der Vorbereitung und Durchführung von Handlungen beteiligt.

„Ich habe keine Lust darauf!" „Das mache ich lieber morgen!" „Ich kann das sowieso nicht!" Auch diese Sätze haben etwas gemeinsam. Sie sind Ausdruck fehlender Motivation und ein Anzeichen für „Aufschieberitis".

Auch Aufschieben kann als zielgerichtetes Handeln betrachtet werden – Ziel des Aufschiebens ist die Vermeidung der Tätigkeit. Was wissenschaftlich sinnvoll erscheint, ist es im wahren Leben nicht immer. Wenn Sie ungeliebte Tätigkeiten vor sich herschieben, sich immer wieder mit Ihnen beschäftigen, sie dann aber doch wieder auf die Seite legen, vergeuden Sie schlicht und ergreifend Zeit und Energie. Hinzu kommt die Frustration darüber, es wieder einmal nicht geschafft zu haben.

Praxistipp

Stellen Sie sich einen Wäscheberg vor. Wenn Sie nicht mit dem Waschen beginnen, wird der Berg jeden Tag größer und größer. Irgendwann ist Ihr Kleiderschrank leer. Hätten Sie gleich zu Beginn eine Maschine Wäsche gewaschen, müssten Sie nun nicht einen ganzen Tag dafür opfern. Versuchen Sie sich also auch den ungeliebten Tätigkeiten anzunähern. Sie müssen nicht gleich Schwarz-, Weiß- und Buntwäsche an einem Tag waschen, eine Maschine reicht. Belohnen Sie sich, wenn Sie die Tätigkeit beendet haben.

7.3.1 Motivationstypen

Was motiviert mich? Kann ich mich selbst motivieren oder brauche ich dafür z.B. das Lob eines anderen Menschen? Motivation kann unterschiedliche Quellen haben, die sich individuell unterscheiden. So sind für jeden Menschen unterschiedliche Ziele und Anreize attraktiv. Grundsätzlich kann man jedoch zwischen zwei Motivationstypen unterscheiden.

Der extrinsische Motivations-Typ

Extrinsische Motivation wird von äußeren Faktoren bestimmt. Das bedeutet, dass die Quelle der Motivation in der Erwartung einer positiven Konsequenz Ihres Handelns liegt. Die Ausführung der Handlung ist somit instrumentell, das heißt sie dient der Erreichung bestimmter Konsequenzen.

Typische Quellen extrinsischer Motivation sind somit positive und negative Verstärkung bspw. durch den Erhalt von Geld oder anderen Belohnungen wie Süßigkeiten oder Lob für das Ausführen der Tätigkeit. Wenn Sie also

der extrinsische Motivations-Typ sind, fällt es Ihnen schwer sich selbst zu
motivieren. Sie sind immer auf einen Anreiz von außen angewiesen. Dies
stellt Sie vor eine große Herausforderung, da im Online-Studium diese Reize
nun ausbleiben.

Praxistipp (für den extrinsischen Motivations-Typ)

Lob ist Ihr großer Motivator? Vereinbaren Sie einen Telefontermin mit
Ihrem Dozenten oder Professor, in dem Sie ihm Ihre aktuellen Arbeits-
fortschritte präsentieren und sich ein Feedback abholen.

Sie brauchen etwas Handfestes? Überlegen Sie sich, wie Sie sich selbst
motivieren können, in dem Sie die Belohnung für ein erreichtes Ziel
schon zu Beginn der Tätigkeit in Aussicht stellen: Wenn ich meine
Studienarbeit mit 2,0 abschließe, kaufe ich mir das neue Sommerkleid,
das mir so gut gefallen hat, oder das gerade erschienene Spiel für die
Playstation. Setzten Sie sich Anreize und belohnen Sie sich.

Der intrinsische Motivations-Typ

Unter intrinsischer Motivation hingegen versteht man eine Motivation, welche sich aus der Person oder aus der Tätigkeit selbst heraus ergibt. Im Gegensatz zur extrinsischen Motivation steht hier kein instrumenteller Zweck
der Ausführung der Handlung im Mittelpunkt. Vielmehr geht es in diesem
Fall um die Ausführung der Tätigkeit selbst, die mit positiven Gefühlen ein-
hergeht und so motivationssteigernd wirkt.

Typische Quellen intrinsischer Motivation sind Neugier und Interesse.
Intrinsische Motivation bahnt somit den Weg interessensbestimmter Handlungen und geht daher häufig mit einem stärkeren persönlichen Bezug und
einer höheren Übereinstimmung der Tätigkeit mit eigenen Zielen einher.

Wenn Sie ein intrinsischer Motivations-Typ sind, fällt es Ihnen leicht sich
selbst zu motivieren, äußere Faktoren spiele dabei keine Rolle. Sie finden die
Motivation in Ihrer Tätigkeit z.B. im Erreichen einer bestimmten Note oder
darin, dass Sie nun Experte in einem Themengebiet sind. Sie sind stolz auf
Ihre Leistungen und Ihre erreichten Ziele. Eigenlob stinkt? - In diesem Fall
nicht!

Praxistipp (für den intrinsischen Motivations-Typ)

Eigentlich sind Sie als intrinsischer Motivationstyp perfekt auf ein Online-Studium vorbereitet. Sie werden in den neuen Herausforderungen, den digitalen Lehr- und Lernmethoden und dem selbst-ständigen

Arbeiten Ihre Motivationsquellen wie ganz von allein fin-den. Gönnen Sie sich trotzdem zwischendurch mal eine kleine Belohnung - es wird Ihnen sicherlich guttun.

7.3.2 Mit Selbstmotivation die eigenen Ziele erreichen

Motivation ist also maßgeblich an der Vorbereitung und der Durchführung von Handlungen beteiligt, in dem sie zielgerichtetes Handeln in Gang setzt. Mit Ihrer eigenen Motivation haben Sie demnach den Grundstein gelegt mit den festgelegten Aufgaben zu beginnen und diese zielgerichtet abzuarbeiten. Nun stellt sich die Frage, ob Motivation allein ausreicht, um Ihre Ziele auch tatsächlich zu erreichen.

Haben Sie nun mit dem Projekt Online-Studium begonnen und motiviert den ersten Vorlesungen gelauscht, stellt sich die Frage, ob Sie auch das ganze Semester motiviert am Ball bleiben können, um am Schluss eine gute Note zu erreichen. Wirkt die Motivation wie ein Schneeball, den man einen schneebedeckten Berg hinabrollt, so dass wenn die Handlung einmal ins Rollen gekommen ist, deren Durchführung nicht mehr zu stoppen ist, bis der Schneeball, der sich auf seinem Weg zu einer Schneekugel entwickelt hat, am Fuße des Berges angekommen ist?

Leider ist menschliches Verhalten sehr viel komplexer als das Verhalten des beschriebenen Schneeballs. Die Antwort lautet demnach: Bloße Motivation allein reicht nicht für die Erreichung von Zielen aus. Um von der Zielsetzung tatsächlich zur Zielerreichung zu gelangen, benötigen Sie neben der Motivation auch die Fähigkeit der Selbststeuerung bzw. Selbstregulation.

Unter Selbstregulation versteht man die Fähigkeiten zur Steuerung von Emotionen, Handlungen, Aufmerksamkeit, Impulsen und Gedanken. Das bedeutet, dass Sie selbst die Kontrolle über Ihr eigenes Handeln und Erleben haben. Sie sind also dafür verantwortlich fokussiert bei der Sache zu bleiben, sich nicht ablenken zu lassen, den Blick von der WhatsApp Nachricht auf dem Handy wieder zurück zum eigentlichen Vorlesungsgeschehen zu richten. Gerade wenn Sie ein Thema nicht so sehr interessiert und Ihre Gedanken abschweifen, müssen Sie sich wieder selbst motivieren. Das kostet manchmal richtig viel Kraft und Energie. Die Energie, die Sie für die willentliche Umsetzung von Zielen benötigen, bezeichnet man dabei als Volition oder besser bekannt als Willenskraft.

Ein weiterer Faktor, der eine essenzielle Rolle im Motivationsprozess spielt, ist der allseits bekannte innere Schweinehund. Gerade bei der Erreichung von langfristigen Zielen taucht der Schweinehund immer wieder auf und versucht Sie von Ihrem eigentlichen Weg abzulenken. Grund für das

Erwachen des inneren Schweinehundes ist das Ausbleiben einer kurzfristigen Belohnung. Besonders wenn Sie lange auf ein Ziel hinarbeiten müssen, z.B. die Abgabe einer Studienarbeit kann Ihnen zwischendurch mal die Puste ausgehen.

Es scheint viel reizvoller eine unliebsame Tätigkeit immer wieder aufzuschieben und sich damit zwar kurzfristig zu belohnen (z.B. durch die gewonnenen „freie" Zeit), als an der Arbeit weiterzuschreiben und den Erfolg nach der Abgabe zu genießen. Jetzt müssen Sie genügend Willenskraft und Motivation aufbringen, um am Ball zu bleiben. Hierfür sind verschiedene Prozesse der Aufmerksamkeitslenkung, der Emotions- sowie der Handlungsregulation notwendig.

> **Praxistipp**
>
> Damit Sie Ihre Ziele effektiv verfolgen und erreichen können, benötigen Sie neben der Motivation auch Willenskraft (Volition).
>
> Motivation dient dabei der Zielsetzung und dem Handlungsbeginn, während Volition die Aufrechterhaltung des zielgerichteten Handelns ermöglicht. Volition bedarf dabei des Aufbringens von Energie, um Hürden, die den Arbeitsprozess gefährden, zu überwinden. Diesen Prozess kennt man im Alltag als das Überwinden des inneren Schweinehundes.

7.4 Tipps zum Zeitmanagement im Online-Studium

„Es ist nicht wenig Zeit, die wir haben, sondern viel Zeit, die wir nicht nutzen."

Sokrates, griechischer Philosoph

Die Zeit läuft. Und läuft. Und läuft. Und immer viel zu schnell. „Wie soll ich das alles nur schaffen?" „Dafür habe ich keine Zeit!" „Mein Tag hat doch auch nur 24 Stunden!" Diese Sätze sind Ihnen sicherlich geläufig und Sie haben mindestens einen davon mit großer Wahrscheinlichkeit schon einmal selbst benutzt.

Um den Begriff des Zeitmanagements zu erklären, gibt es viele verschiedene wissenschaftliche Definitionen, die meist mehr für Verwirrung als für Erleuchtung sorgen. Deshalb finden Sie in Folge eine kleine Anekdote, die Ihnen die wichtigsten Informationen zum Thema Zeitmanagement liefert.

Ein Beispiel zur Veranschaulichung ...

Ein weiser Professor und Zeitforscher wurde eines Tages gebeten, einen guten Vortag über den sinnvollen Umgang mit der Zeit zu halten. Doch anstatt zügig mit der Vorlesung zu beginnen, betrachtete er seine Zuhörer eine Weile und verkündete dann: „Wir werden ein Experiment durchführen". Er ging zu einem Tisch, auf dem ein sehr großer Glaskrug stand. Niemand wusste, was das zu bedeuten hatte. Der Professor legte nun nach und nach ein Dutzend sehr großer Steine in den Krug. Als der Krug bis zum Rand hin gefüllt war, und kein weiterer Stein mehr im Gefäß Platz hatte, fragte er in die Runde: „Ist der Krug jetzt voll?" „Ja", kam die einstimmige Antwort. „Wirklich?", fragte der Professor. Unsicherheit machte sich unter den Anwesenden breit.

Der Professor eilte hinaus in den Vorbereitungsraum und kam mit einem Becher mit kleinen Kieselsteinen zurück. Diese schüttete er sorgfältig über die Steine im Krug, so dass die Steinchen sich verteilen konnten und durch die Lücken zwischen den großen Steinen rieselten. Es passten eine ganze Menge kleiner Steinchen noch in den Krug, bis er so gefüllt war, dass er keine weiteren Kieselsteine mehr aufnehmen konnte. Das Publikum staunte und als der Professor wieder fragte: „Ist der Krug jetzt voll?", waren alle verunsichert, obwohl der Krug augenscheinlich bis zum Rand gefüllt war. Einer der Zuschauer meinte, „Es sieht so aus, als ob, aber wahrscheinlich ist er es nicht."

Der Professor lächelte, verschwand erneut und kehrte mit einem Eimer Sand wieder, den er vorsichtig in den Krug rieseln ließ. Der Sand füllt die Räume zwischen den großen Steinen und den Kieselsteinen auf. Und siehe da - es passte doch noch allerhand Sand in den Krug hinein bis auch der Sand bis zum oberen Rand des Gefäßes reichte. Als der Professor fragte, "Ist der Krug nun voll?", antwortete sein Publikum ohne Zögern: „Nein". Der Professor verließ noch einmal den Raum und kam mit einer Flasche Bier zurück. Er öffnete sie vor den Augen seiner Zuschauer und schüttete den ganzen Inhalt in den bereits bis oben gefüllten Krug.

„Was sagt Ihnen dieses Experiment?" Nach einer kurzen Pause sprach er weiter: „Das Experiment macht deutlich, wie entscheidend es beim Auffüllen auf die Reihenfolge ankommt. Nur wenn wir die großen Steine als erstes in den Krug legen, passt alles andere später hinzu. Wenn wir die großen Steine zum Schluss hineinlegen wollten, nach dem Sand und den Steinchen, dann würden wir sie kaum noch unterbringen."

Der Professor schwieg eine Weile und fragte dann: „Was sind die großen Steine in Ihrem Leben". Er machte eine Pause und fragte weiter „Ihre Gesundheit? Ihre Familie, Kinder, Freunde? Ein Hobby? Das Umsetzen Ihrer Träume? Was auch immer es ist, setzen Sie es an die erste Stelle. Sonst finden Sie am Ende vielleicht keinen Platz mehr dafür. Denn wenn Sie Ihr Leben mit Kleinigkeiten, wie zu vielen Kieselsteinen und Sand, füllen, fehlt Ihnen am Ende die Zeit für das, was wirklich wichtig ist. Deshalb fragen Sie sich immer wieder: „Was sind die großen Steine in meinem Leben?", und legen Sie diese als erstes in den Krug Ihres Daseins". Vom Sand des Alltags wird immer noch eine Menge reingehen, aber wir vergessen uns nicht und erlauben ihm nicht mehr, uns von unseren Zielen abzubringen.

„Und was hat es mit dem Bier auf sich?", fragt ein Student. „Naja, die Erfahrung zeigt: Ihr Terminkalender kann noch so voll sein – Zeit für eine Flasche Bier oder ein anderes Getränk Ihrer Wahl, vorzugsweise natürlich gemeinsam mit guten Freunden, sollten Sie immer übrighaben!", antwortete der Professor.

Erst wenn Sie in der Lage sind, das Wichtige vom Unwichtigen zu unterscheiden und Prioritäten zu setzten, können Sie die vorhandene Zeit effektiv nutzen. Denn Zeit vergeht objektiv immer gleich schnell und es steht Ihnen jeden Tag das gleiche Kontingent an Zeit zur Verfügung. Zeit kann man also nicht managen – managen können Sie nur Ihre Arbeitsweise, sich selbst, Strukturen und Prozesse.

7.4.1 Zeittypen

Gehören Sie zu den Menschen, die schon bei Morgengrauen putzmunter sind und gut gelaunt aus dem Bett kommen? Oder schlafen Sie lieber länger, weil Sie erst müde werden, wenn bereits die ersten Vögel zwitschern? Sind Sie also eher eine Lerche, die anfallende Aufgaben vormittags am besten lösen kann oder gehören Sie zu der Fraktion der Eulen, die morgens überhaupt nicht aus dem Bett kommt, dafür bis spät in die Nacht konzentriert arbeiten kann?

Jeder Mensch hat seinen eigenen Biorhythmus. Nach welchem Rhythmus Sie am liebsten leben, bestimmt Ihre innere Uhr. Sie ist der biologische Taktgeber, über den jeder Mensch verfügt. Wie diese Uhr tickt, bestimmen nicht nur Sie und Ihr Wecker, sondern auch Ihre Gene, sie ist also nicht veränderbar.

Die vielen Strukturen und Zeitpläne, die das Leben bestimmen, sind häufig wider dem natürlichen Biorhythmus. Während Ihnen im Normalfall nichts anderes übrigbleibt, als Ihre Eule oder Lerche zu ignorieren, können Sie im

Rahmen des Online-Studiums Ihren Tagesplan gezielt Ihrem eigenen Biorhythmus anpassen. Wenn Sie also gerne einmal länger schlafen, können Sie dies mit gutem Gewissen tun, wenn Sie dafür später zur Hochform auflaufen. Wenn Sie morgens um 8 Uhr bereits am Schreibtisch sitzen, dürfen Sie hingegen schon am Nachmittag Feierabend machen.

Praxistipp

Legen Sie die wichtigen Tätigkeiten in die Tageszeit, in der Sie in Topform sind und verlagern Sie die unwichtigen Tätigkeiten in einen Zeitraum, in dem Ihre Konzentration sinkt.

Der Biorhythmus ist eine Art innerer Zeitplan, der sich über den gesamten Tag zieht und Ihr Befinden ebenso wie verschiedene Leistungs- und Erschöpfungsphasen beeinflusst. Die Effekte des Biorhythmus äußern sich somit in Ihrem persönlichen Energielevel, der damit verbundenen Produktivität, Ihrer Stimmung und nicht zuletzt in Ihrem Schlafverhalten.

Mit dem erworbenen Wissen sind Sie nun in der Lage Ihren eigenen Biorhythmus zu analysieren und Ihren Tätigkeitsplan daran zu orientieren. Mit diesen gewonnen Erkenntnissen planen Sie im nächsten Schritt Ihre Tätigkeiten. Sicherlich werden Sie Ihre Produktivität steigern, effizienter und entspannter arbeiten können. Seien Sie gespannt und überraschen Sie sich selbst!

7.4.2 Zeitgewohnheiten

Gewohnheiten sind automatische Prozesse, die Ihnen im Alltag helfen. Diese Routine steuert nicht nur Ihr Verhalten, sondern auch Ihr Denken und Fühlen sowie den Umgang mit Ihnen selbst und anderen. Gewohnheiten lotsen Sie dabei unbewusst durch den Alltag.

- In welches Hosenbein steigen Sie morgens zuerst?
- Auf welcher Seite beginnen Sie Ihre Zähne zu putzen?
- Wann trinken Sie Ihren ersten Kaffee?
- Zu welchem Zeitpunkt blicken Sie auf Ihr Smartphone?

Ihre Gewohnheiten haben Sie im Laufe des Lebens erlernt und spielen diese jetzt täglich mechanisch ab. Gewohnheiten geben Ihnen die Möglichkeit routinierte Tätigkeiten nicht immer wieder neu planen und überdenken zu müssen, sondern Entscheidungen voll automatisch zu treffen. Die Routine verschafft Ihnen also die Zeit, sich mit den wirklich wichtigen Dingen auseinanderzusetzen.

Gewohnheiten sind hilfreich und entsprechend häufig anzutreffen, wenn Tätigkeiten bekannt und sehr ähnlich sind. Ein typischer Alltag ist genauso aufgebaut. Er ist von sehr ähnlichen, wiederkehrenden Aufgaben geprägt, die mit Gewohnheiten gelöst werden. Beispielsweise stehen Sie jeden Morgen auf, ziehen sich in der gewohnten Reihenfolge und Weise an, bereiten sich ein Frühstück zu und putzt sich die Zähne. Diese Liste könnte beliebig fortgesetzt werden. Dabei sind nicht nur Ihre Handlungen im privaten Umfeld, sondern auch im Rahmen Ihrer studentischen Tätigkeit von Gewohnheiten geprägt.

Wie beinahe alles auf der Welt lassen sich auch Gewohnheiten klassifizieren. Dabei unterscheidet man drei Gewohnheitstypen:

Verhaltens-Gewohnheiten

Das Gehirn ist so konstruiert, dass es nach mehrmaligem Wiederholen einer Handlung, eine Routine dafür entwickelt. Verhaltens-Gewohnheiten laufen automatisch ab und helfen Ihnen gewisse Handlungen schneller, genauer und sicherer abzuwickeln. Ein gutes Beispiel hierfür ist das Autofahren. Das Öffnen der Tür, das Anlegen des Sicherheitsgurts, der Blick in den Spiegel, das Lösen der Handbremse, das Starten des Motors – all das sind Handlungen, die Sie sich nicht jeden Tag neu erarbeiten, sondern immer nach dem gleichen Schema abspulen.

Denk-Gewohnheiten

In Denk-Gewohnheiten spiegeln sich Ihre Werte und Einstellungen wider. Zudem bestimmen Sie wie Sie sich selbst und Ihre eigenen Fähigkeiten, aber auch fremde Personen und Dinge einschätzen. Ihre Denk-Gewohnheiten beantworten Ihnen die Fragen, warum Sie eine Person als intelligent oder großzügig wahrnehmen, was Ordnung für Sie bedeutet, was für Sie gut oder schlecht, richtig oder falsch ist.

Falls Sie dem Glauben erliegen, dass Ihre Gedanken und Einschätzungen ein Ergebnis sorgfältigen Abwägens sind, liegen Sie falsch. Statt rationalem Denken spielen Sie eine Denkroutine ab. Daher kommt auch das typische Schubladendenken, wenn Sie einer Ihnen nicht bekannten Person begegnen. Innerhalb von Sekunden ordnen Sie diese einem Stereotypen zu, mit abwägendem Beurteilen hat dies rein gar nichts zu tun.

Gefühls-Gewohnheiten

Denkmuster beeinflussen auch Ihre Gefühlswelt. Empfinden Sie Ablehnung als schmerzhaft? Wie gehen Sie mit schlechten Nachrichten um? Sind Sie eher ein Optimist oder ein Pessimist?

Gefühls-Gewohnheiten sind stark von Ihrer Persönlichkeit abhängig und sorgen dafür, dass Sie in bestimmen Situationen häufig mit den gleichen

Gefühlen reagieren. Gefühlsgewohnheiten beschreiben u.a. wie schnell Sie verärgert, enttäuscht oder gekränkt sind.

Welche Emotion löst Kritik Ihres Dozenten bei Ihnen aus? Wieso sind Sie vom Klacken des Kugelschreibers Ihres Kommilitonen genervt? Warum provoziert Sie das Lächeln von Person A, während Sie das Lächeln von Person B zu Höchstleistungen motiviert?

Ihr Projekt Online-Studium ist ein guter Zeitpunkt, um alte Gewohnheiten abzulegen und neue zu etablieren, da Ihre alte Routine durch die neuen Gegebenheiten in einem gewissen Maße bereits gestört ist. Kennen Sie Ihre Zeitgewohnheiten eigentlich? Passen diese zu Ihrem Biorhythmus? Welche Verhaltensgewohnheiten spulen Sie jeden Tag automatisch ab? Sind diese sinnvoll? Gibt es Denk-Gewohnheiten, über die Sie sich schon lange ärgern oder Gefühlsgewohnheiten, die Sie gerne ablegen möchten?

Zusammenfassung

Und plötzlich digital – sich und die eigenen Studienprojekte ganz ungewohnt vom heimischen PC aus zu organisieren, klingt zunächst verlockend, ist aber ohne Frage eine große Herausforderung. Es fehlt der Austausch mit anderen Studierenden, Dozenten und Beratungsstellen vor Ort, die Sie sonst so toll bei der Organisation Ihres Studiums unterstützen.

Gleichzeitig benötigt es eine große Portion Selbstmotivation! In den gemütlichen eigenen vier Wänden mit jeder Menge digitaler Ablenkung und ohne den ab und zu strengen Blick des Lehrenden ist der innere Schweinehund omnipräsent und gewinnt leider allzu oft die Oberhand.

Wichtiger denn je, sind nun die Schlüsselkompetenzen: Selbstorganisation, Zeitmanagement und Selbstmotivation. Mit den folgenden 10 Tipps behalten Sie in ihrem Projekt Online-Studium alles im Blick, lernen ihre Zeit effektiv zu organisieren und bleiben stets motiviert!

[1]   Planen Sie Ihren Studien-Tag möglichst genau!

Geplantes Handeln beugt Kontrollverlust und Hilflosigkeit vor. Durch geplantes Handeln bekommen Sie das Gefühl, einer Situation nicht hilflos ausgeliefert zu sein, sondern diese aktiv zu gestalten.

[2]   Halten Sie eine Tagesstruktur ein!

Struktur hilft gegen Chaos, gibt Sicherheit und stärkt in Stresssituationen. Ihre Tagesstruktur ist mit einem Ritual vergleichbar. Bleiben Sie nicht im Pyjama den ganzen Tag im Bett liegen, sondern handeln Sie wie immer: Aufstehen, sich anziehen, Vorlesungen und Seminare digital besuchen. Passen Sie Ihre Tagesstruktur an die aktuelle Situation an, aber halten Sie Essens-, Schlafens- und Lernzeiten ein.

[3]   Bewegen Sie sich!

Bewegung bewirkt Wunder im Kopf und wirkt sich positiv auf Ihre Psyche aus. Sport ist auch auf engem Raum möglich: Videos und Tutorials im Internet liefern Anregungen und Trainingsprogramme. Jeder Muskelkater ist jetzt ein Erfolg!

[4]   Besinnen Sie sich auf Ihre Stärken!

Diese Ressourcen helfen Ihnen, Krisensituationen durchzustehen. Ressourcen sind alles, was Sie an positiven Erfahrungen in Ihrem Leben gemacht haben, alle Probleme die Sie schon überwunden und gelöst haben, Ihre Stärken und Talente, alles, was an Fähigkeiten, Neigungen etc. vorhanden ist. Ressourcen sind Kraftquellen. Aktivieren und nutzen Sie diese nun.

[5]   Pflegen Sie Ihre sozialen Kontakte über (Video)-Telefonie!

Verbundenheit mit der Familie oder dem Freundeskreis gibt Ihnen Halt. Nutzen Sie das Telefon und Videochats und fragen Sie Ihren Gesprächspartner ganz bewusst: „Was hat dich heute gefreut?"

[6]   Konsumieren Sie Medien bewusst und gezielt!

Fakten helfen zwar gegen überschwemmende Gefühle und seriöse und klare Informationen geben Orientierung und Sicherheit. Vermeiden Sie aber ununterbrochenen Medienkonsum.

[7]   Begrenzen Sie das Grübeln!

Grübeln ist eine der vielen Strategien im Umgang mit Stresssituationen. Ein Zuviel verursacht zusätzlichen Stress und damit Demotivation. Überlegen Sie sich daher schon im Vorhinein Tätigkeiten, die Sie ausführen können, sollten Sie ins Grübeln verfallen. Machen Sie etwas ganz Anderes, das Ihnen guttut. Manche Menschen backen, lesen oder schreiben gerne.

[8]   Führen Sie einfache Entspannungsübungen durch!

Angst und Entspannung kann nicht gleichzeitig passieren. Daher versuchen Sie einmal Entspannungsübungen, denn diese reduzieren Ängste. Im Internet finden Sie Anleitungen und Tutorials für Entspannungsübungen.

[9]   Fokussieren Sie auf Positives!

Der Fokus auf positive Inhalte beruhigt und stabilisiert. Sprechen Sie mit Bezugspersonen und achten Sie auf positive Gesprächsinhalte. Halten Sie sich von Panikmachern fern! Setzen Sie Grenzen und verzichten Sie bewusst darauf, die massenweise kursierenden SMS, E-Mails, Videos, WhatsApp-Nachrichten und Meldungen auf sozialen Medien zur Corona-Pandemie zu lesen.

[10] Denken Sie daran, die Situation wird vorübergehen!

Es ist wichtig zu verstehen, dass die Corona-Pandemie zwar noch andauern wird, aber nicht dauerhaft ist. Planen Sie Aktivitäten, die Sie nach dem Überstehen dieser Situation ausführen möchten. Starten Sie eine „Was ich nach Corona alles tun werde"-Liste!

8 Arbeitsvorlagen für Ihre Studienprojekte

Im achten und letzten Kapitel finden Sie zu den in diesem Studienratgeber vorgestellten Tools und Methoden eine Vielzahl von Vorlagen, welche Sie im Rahmen Ihres eigenen Studienprojekts anwenden können.

Definition	Planung	Durchführung	Abschluss
• Projektsteckbrief	• Arbeitspaket-beschreibung • Vorgangsliste • Kostenplanung • Budgetplanung	• Statusbericht • Risikoliste • Ergebnisprotokoll • To-Do-Liste • Kommunikation-plan • Entscheidungs-matrix	• Abschlussbericht • Selbst-einschätzung • Fremd-einschätzung

Denken Sie daran: Es handelt sich dabei lediglich um exemplarische Vorlagen. Jedes Projekt hat andere Rahmenbedingungen und eine unterschiedliche Zielsetzung. Es wird dementsprechend eine andere Vorgehensweises und andere Methoden benötigen. Nutzen Sie die Vorlagen, welche zu Ihrem Vorhaben passen, und die der Art und vor allem dem Umfang Ihres Projekts gerecht werden.

Verstehen Sie die Vorlagen dieses Buches als Vorschläge und adaptieren Sie diese an Ihre persönliche Arbeitsweise und Ihr konkretes Projekt.

8.1 Projektdefinition

Projektsteckbrief

		Projektrahmen		
1	Name/"Titel" des Projekts			
2	Art des Projekts			
3	3 TOP-Themen	1.)		
		2.)		
		3.)		
4	Erste Schritte/"Quickwins"	1.)		
		2.)		
		3.)		
5	Absehbare Engpässe/"Stolpersteine"	1.)		
		2.)		
		3.)		
6	Stakeholder	1.)		
		2.)		
		3.)		

		Projektziel			
			Ergebnis	Maximal-Ziel	Minimal-Ziel
1	Zu erreichende Ergebnisse	1.)			
		2.)			
		3.)			
2	Bereits vordefinierte Ergebnisse durch Dritte (Machbarkeit?!)	1.)			
		2.)			
		3.)			
3	Sonstige Kriterien	1.)			
		2.)			
		3.)			

	Versprechungen/Erwartungen		
1	Versprechungen, die bereits gemacht wurden, deren Erfüllung erwartet wird	1.)	
		2.)	
		3.)	
2	Allgemeine Erwartungen oder individuelle/latente Erwartungen des Auftraggebers (Studiendekan)	1.)	
		2.)	
		3.)	

	Aufwandsschätzung		
1	Anfallende Kosten (geplant/ungeplant)	1.)	
		2.)	
		3.)	
2	Finanzielle Ressourcen/Budget	1.)	
		2.)	
		3.)	
3	Projektdauer/Zeitlicher Aufwand	1.)	
		2.)	
		3.)	
4	Zeitliche Einschränkungen	1.)	
		2.)	
		3.)	
5	Bereits vorgegebene Deadlines	1.)	
		2.)	
		3.)	

Verfügbare Informationen

1	Hintergrundinformationen zum Auftraggeber, Thema, Wettbewerb etc.	1.)			
		2.)			
		3.)			
2	Existierendes Know-how	1.)			
		2.)			
		3.)			
3	Themenspezifische Ansprechpartner/"Wissensträger"	Thema	Kontakt	Thema	Kontakt

Projektstruktur

1	Projektlogik (Phasen)				
		Phase 1	Phase 2	Phase 3	Phase 4
2	Methodik				
3	Meilensteine				

Projektorganisation

		Name	wie viel / wann verfügbar	
1	Zusammensetzung des Projektteams			

		Name	Kompetenzen/	Name	Kompetenzen/
2	Kompetenzen/Präferenzen der Projektmitglieder				

3	Zusätzliche/Alternative Ressourcen

		Name	Zuständigkeit	Name	Zuständigkeit
4	Wichtige Ansprechpartner (Zuständigkeit)				

Kontrollpunkte

1	Projektkontrolle (vereinbartes Reporting)	1.) 2.) 3.)

2	Eskalationsmechanismen & -prozesse

		auf Projekt-Seite	Tel.	auf Auftraggeber-Seite	Tel.
3	Ansprechpartner im Krisenfall				

8.2 Projektplanung

Arbeitspaketbeschreibung

Projekt:		AP-Nr.:	
Teilprojekt:		Version:	
AP-Verantwortlicher:		Status:	

Aufgabenbeschreibung	

Zielsetzung der Aufgabe	

Beitrag zum Projekterfolg	

Aufgabenabgrenzung (out of scope)	

Vorgänger-AP.:		Nachfolger-AP.:	
Beginn:		Ende:	
Geplanter Aufwand:			

Vorgangsliste

Nr.	Bezeichnung	Tätigkeitsbeschreibung	Vorgänger	Nachfolger	Dauer
1					
2					
3					
4					
5					
6					
7					
8					
9					
10					

Kostenplanung

Nr.	Benötigtes Arbeitsmittel	Kosten	
		MIN	MAX
1			
2			
3			
4			
5			
6			
7			
8			
9			
SUMME		€	€

Budgetplanung

Nr.	Benötigtes Arbeitsmittel	BUDGET	€
		Verfügbares Budget	
1			
2			
3			
4			
5			
6			
7			
8			
9			
SUMME			€

8.3 Projektdurchführung

Statusbericht

Projekt:		Verantwortlich:	
Teilprojekt:		Datum:	
Arbeitspaket:		Version:	

	Gesamtstatus	Ist-Stand	Prognose	Risiken & Probleme	Entscheidungsbedarf
Inhalt					
Zeit					
Kosten					

Aktivitäten und erreichte Ergebnisse im Berichtszeitraum	

Geplante Aktivitäten für den kommenden Berichtszeitraum	

Aufwand geplant:		Aufwand verbraucht:	

Risikoliste

Nr.	Risikobeschreibung	Ursache	Verantwortung	EW	SA	Risiko	Status
1							
2							
3							
4							
5							
6							
7							
8							
9							
10							

Ergebnisprotokoll

Ergebnisprotokoll		Datum:		
Projektname:				
Protokollant:				
Teilnehmer:				
Nr.	Kategorie (A, B, I)	Beschreibung	Verantwortung	Bis wann?
1				
2				
3				
4				
5				
6				
7				
8				
9				
10				

To-Do-Liste

Nr.	To Do (Aufgabe)	Verantwortung	Start	Ende	Status
1					
2					
3					
4					
5					
6					
7					
8					
9					
...					

Kommunikationsplan

Art der Kommunikation	Inhalt	Teilnehmer	Frequenz	Medium	Dokumentation

Entscheidungsmatrix

Kriterium	Gewicht-ung	Erfüllungsgrade für Alternative...		
		A	B	C
	…%	…%	…%	…%
	…%	…%	…%	…%
	…%	…%	…%	…%
	…%	…%	…%	…%
	…%	…%	…%	…%
	…%	…%	…%	…%
	…%	…%	…%	…%
	…%	..%	…%	…%
Gesamtnutzen:		%	%	%

8.4 Projektabschluss

Abschlussbericht

	Abschlussbericht	
Ausgangssituation		
Projektziele	1.) 2.) 3.)	
Projekt-verantwortung	1.) 2.) 3.)	
Projektphasen & Meilensteine	1.) 2.) 3.) 4.)	
Projektstruktur	1.) 2.) 3.) 4.) 5.)	
Ergebnis	Quantitativ	Qualitativ
Lessons Learned	1.) 2.) 3.)	
Appendix	1.) 2.) 3.)	

Selbsteinschätzung

Aspekt	Bewertungsfragen	Note (Skala 1-6)	Kommentar
Arbeitsqualität			
Einsatzbereitschaft			
Zuverlässigkeit			
Teamfähigkeit			

Fremdeinschätzung

Aspekt	Bewertungsfragen	Note (Skala 1-6)	Kommentar
Von:			
Für:			
Arbeitsqualität			
Einsatzbereitschaft			
Zuverlässigkeit			
Teamfähigkeit			

Index